# KEŞİFLER ÇAĞI

Orijinal Adı: Great Explorers
Jim Pipe

This translation of GREAT EXLORERS orginally published in
English in 2008 is published by arrangement with Oxford University Press
Arkeoloji Dedektifleri'nin bu çevirisinin orijinali
İngiltere'de 2008 yılında Oxford University Press tarafından basılmıştır.

Oxford is a registered trade mark of Oxford University Press
in the UK and in certain other countries
Oxford University Press, Oxford Üniversitesi'nin bir bölümüdür. Yayınlarında,
Oxford Üniversitesi'nin bilimsel araştırma ve eğitim konusundaki uzmanlığını kullanır.

Text copyright © Oxford University Press 2008

Türkiye yayın hakları:
© 2008, Türkiye İş Bankası Kültür Yayınları

ISBN: 978-9944-88-343-6
Genel yayın numarası: 1455
Çin'de basılmıştır.

Çeviren: Emre Yalçın
Editör: Nevin Avan Özdemir

Bu kitabın hiçbir bölümü, yayıncının yazılı izni alınmaksızın
herhangi bir elektronik ya da mekanik yöntem kullanılarak
kopyalanamaz veya yayınlanamaz.

Türkiye İş Bankası Kültür Yayınları
İstiklal Caddesi No: 144 Kat:4 Beyoğlu 34430 İstanbul
Tel: (0212) 252 39 91 - Fax: (0212) 252 39 95
www.iskultur.com.tr

# KEŞİFLER ÇAĞI

*Jim Pipe*

Çeviren: Emre Yalçın

İnanılmaz Keşifler

# İÇİNDEKİLER

| | |
|---|---|
| *Neden Keşfederiz?* | **sayfa 6** |
| *İlk Kâşifler* | **sayfa 8** |
| *Eskiçağ Kâşifleri* | **sayfa 10** |

## 12
## AFRİKA

- GENEL BAKIŞ — sayfa 14
- MUNGO PARK — sayfa 16
- RENÉ-AUGUSTE CAILLIÉ — sayfa 18
- BURTON İLE SPEKE — sayfa 20
- LIVINGSTONE İLE STANLEY — sayfa 22
- MARY KINGSLEY — sayfa 26

## 28
## ASYA

- GENEL BAKIŞ — sayfa 30
- MARKO POLO — sayfa 32
- İBN BATTUTA — sayfa 36
- CINĜ HI — sayfa 40
- VASCO DA GAMA — sayfa 42
- NİKOLAY PRJEVALSKİ — sayfa 44
- ISABELLA BIRD — sayfa 46

## 48
## OKYANUSYA

- GENEL BAKIŞ — sayfa 50
- JAMES COOK — sayfa 52
- MATTHEW FLINDERS — sayfa 54
- LUDWIG LEICHHARDT — sayfa 56
- BURKE VE WILLS — sayfa 58

## 62
## KUZEY AMERİKA

- GENEL BAKIŞ — sayfa 64
- LEIF ERICSSON — sayfa 66
- KRİSTOF KOLOMB — sayfa 68
- JACQUES CARTIER — sayfa 72
- SAMUEL DE CHAMPLAIN — sayfa 74
- DANIEL BOONE — sayfa 76
- LEWIS VE CLARK — sayfa 78

# 82
## ORTA VE GÜNEY AMERİKA

- GENEL BAKIŞ — sayfa 82
- HERNÁN CORTÉS — sayfa 84
- FRANCISCO PIZARRO — sayfa 86
- FRANCISCO DE ORELLANA — sayfa 88
- ALEXANDER VON HUMBOLDT — sayfa 90

# 92
## KUTUP BÖLGELERİ

- GENEL BAKIŞ — sayfa 94
- VITUS BERING — sayfa 96
- JOHN FRANKLIN — sayfa 98
- PEARY ve HENSON — sayfa 100
- SCOTT ve AMUNDSEN — sayfa 102
- DOUGLAS MAWSON — sayfa 106
- ERNEST SHACKLETON — sayfa 108

# 110
## DÜNYA'NIN ÇEVRESİNDE

- GENEL BAKIŞ — sayfa 112
- FERDINAND MACELLAN — sayfa 114

# 116
## GELECEĞİN UÇ SINIRLARI

- DENİZLER — sayfa 118
- UZAY — sayfa 120

BÜYÜK KÂŞİFLER ve GEZGİNLER — sayfa 122

Mini Sözlük — sayfa 124
Türkçede Gezi ve Keşif — sayfa 125
Dizin — sayfa 126
Teşekkürler — sayfa 128

# NEDEN KEŞFEDERİZ?

▼ 15. yüzyılda yelkenli teknelerle denizlere açılan kâşifler, rüzgarın ve akıntının merhametine kalmıştı. Onlara yol gösterecek hiçbir harita da yoktu.

İNSANLAR DOĞUŞTAN KÂŞİFTİR. SIRF KENDİ MERAKIMIZI GİDERMEK İÇİN "UZAKLARDA" NELER OLDUĞUNU BİLMEK İSTERİZ. ESKİ ZAMANLARDA BU MERAK DUYGUSU, CESUR ERKEKLERLE KADINLARI DÜNYANIN DÖRT BUCAĞINA SÜRÜKLEDİ. GÜNÜMÜZDE İSE ASTRONOTLARI UZAYA, BİLİM İNSANLARINI DENİZLERİN DERİNLİKLERİNE ÇEKİYOR.

30.000 yıl önce Taş Çağı avcıları kıtalar boyunca göç eden hayvanları takip ediyordu. Sonraları insanlar eşyaları değiş tokuş etmek ya da altın ve baharat gibi değerli maddeler bulmak için yeni yerler aramaya başladılar. Hükümdarlar fethedecek yeni ülkeler bulmak için akıncılar yolladılar.

Keşifler Çağı 15. yüzyılda, Macellan ve Kolomb gibi Batılı denizcilerin yeni ticaret yolları ve yeni diyarlar bulmak için yollara düşmesiyle başlamıştı. 20. yüzyıl bittiğinde Yerküre'nin büyük bölümü keşfedilmişti. Günümüzün kâşifleri denizlerin derinliklerinde ve uzayda yeni maceralar arıyor.

Günümüzdeki dünya haritaları, yüzlerce yıl süren keşiflerin bir sonucudur.

Kâşifler çoğu zaman, zaten başka insanların yaşadığı diyarları keşfetmişti.

# NEDEN KEŞFEDERİZ?

▲ Kâşiflerin çıktığı maceralı yolculuklar, çoğu zaman karşılaştıkları halkların ölümüyle ya da köleleştirilmesiyle sonuçlanırdı. Kâşiflerin hükümdarları adına üzerinde hak iddia ettiği toprakların bazıları, binlerce yıldır orada yaşayan yerli halkların yurduydu.

## SEYAHAT DENEN HASTALIK

18. ve 19. yüzyıllarda kâşifler fırtınalı denizleri, dehşetengiz ormanları ve kuş uçmaz kervan geçmez çölleri aşarken, hayatlarını ya da kollarıyla bacaklarını tehlikeye atıyorlardı. Neden? Çoğu, dünyanın başka yerlerindeki tuhaf ve harika bitkilerle hayvanların peşindeki bilim insanlarıydı. Diğerleri haritalardaki boşlukları doldurmak istiyordu. Bazıları Mekke gibi kutsal yerlere giden hacılardı.

▶ Hıristiyan, Budist ve Müslüman misyonerleri, uzak diyarlarda yaşayanları kendi inançlarına kazandırmak için yola çıkardı.

### HAYATTA KALMA BECERİLERİ

Pek çok kâşif kendini yerel rehberler ve tercümanların eline bırakırdı. Vasco da Gama 15. yüzyılda Afrika'dan Hindistan'a yelken açtığında ona bir Arap kılavuzluk etmişti.

# İLK KÂŞİFLER

İLK İNSANLAR TARIMI BİLMEZ, HAYVAN AVLAYIP KÖK VE MEYVE TOPLAYARAK YAŞARLARDI. AÇLIK, SUSUZLUK VE MERAK ONLARI KÂŞİFLERE DÖNÜŞTÜRMÜŞTÜ.

Elimizdeki bilgiler ışığında, 100.000 yıl kadar önce atalarımızın Afrika'dan çıkarak yaşayacak yeni yerler aramaya başladığını düşünüyoruz. Ailelerden oluşan küçük gruplar kuzeye giderek önce Büyük Sahra'yı ardından Güneydoğu Asya'yı aşmışlardı. Binlerce yıl içinde de tüm dünyaya yayılmışlardı.

İlk insanların yeryüzünde böyle yer değiştirebilmelerinin nedenlerinden biri, 50.000 yıl önceki Buz Çağı'nda Kuzey Kutbu'nda çok miktarda suyun donmuş olmasıydı. Bu da deniz seviyesinin bugünkünün 90 metre altında olması ve kıtalar arasında geçişi sağlayan doğal köprülerin ortaya çıkması demekti.

## YAKINDAN BAKIŞ

Bazı uzmanlar Polinezyalı denizcilerin avaralı kanolarıyla Büyük Okyanus'u aştıklarına inanır. Bu da Kolomb'dan 1000 yıl önce Amerika'ya varmaları demektir.

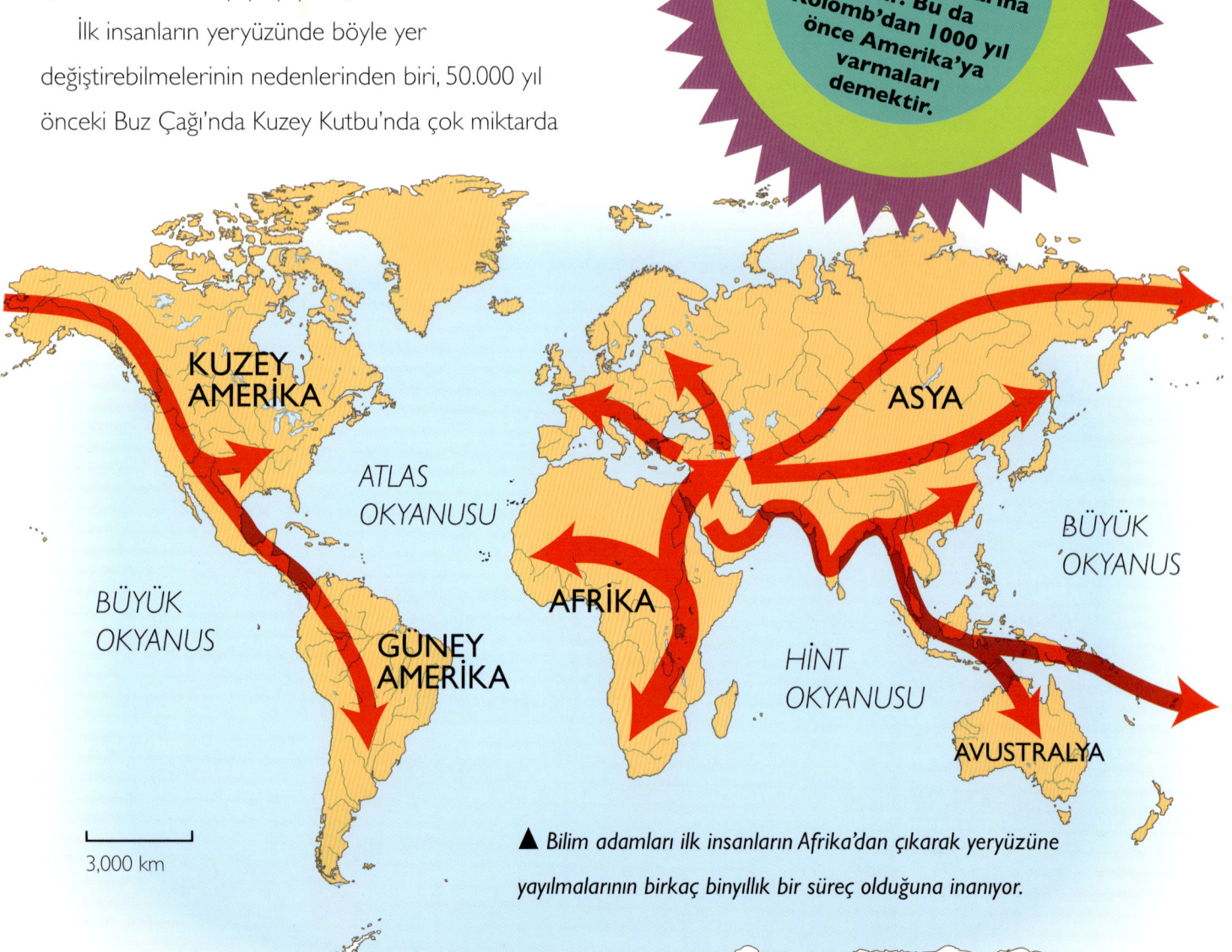

▲ Bilim adamları ilk insanların Afrika'dan çıkarak yeryüzüne yayılmalarının birkaç binyıllık bir süreç olduğuna inanıyor.

İLK KÂŞİFLER

▲ İnsanlar küçük gruplar halinde yeryüzünü yayılmışlardı. Çoğu zaman da yemek için avladıkları hayvanları takip etmişlerdi.

## DÜŞ ÇAĞI

Avustralya Yerlileri Aborjinler "Düş Çağı" diye bir dönem tanımlar. Bu çağda eski zaman ruhları canlanmış ve ilk bitkileri, hayvanları ve insanları yaratmıştı. Buz Çağı'ndan sonra, dev buz tabakaları eriyip denizler eski düzeyine yükseldikten sonra Avustralya Yerlilerinin yeryüzünün kalanıyla ilişkileri kopmuştu.

◄ Ağaç kabuğuna yapılmış bu resim Düş Çağı'ndan üç ruhu gösteriyor.

# ESKİÇAĞ KÂŞİFLERİ

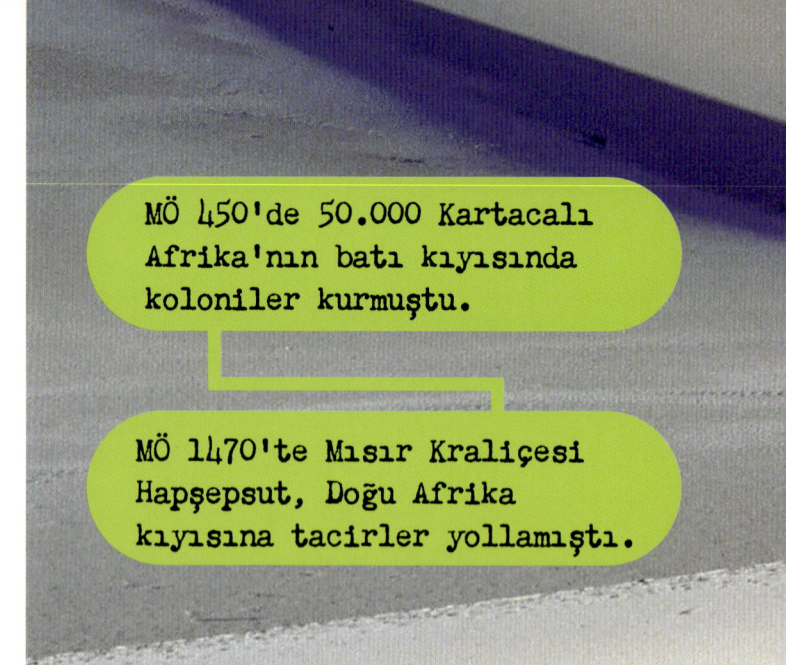

MÖ 450'de 50.000 Kartacalı Afrika'nın batı kıyısında koloniler kurmuştu.

MÖ 1470'te Mısır Kraliçesi Hapşepsut, Doğu Afrika kıyısına tacirler yollamıştı.

BEŞ BİN YIL ÖNCE, İNSANLAR YAZI YAZMAYA BAŞLADIĞI SIRALARDA, ÇEVRELERİNDEKİ DÜNYAYI DA KEŞFE KOYULMUŞLARDI.

Büyük papirüs teknelerle Akdeniz'i ve Nil'i bir ucundan diğerine aşan Eski Mısırlı denizciler, kıymetli taş, köle ve baharat ticareti yapardı. Günümüzdeki Lübnan ve Suriye kıyılarında yaşayan Fenikeli komşuları ile Kartacalılar ise Afrika'nın batı kıyısı boyunca yelken açardı. Daha sonra Eski Yunanlılar bakır ve kalay gibi madenler aramak için kuzeyde ilkin Britanya Adaları'na, sonra da Kuzey Kutup Dairesi'ne ulaşmışlardı.

MÖ 100'de Romalılar Çin ve Hindistan ile ipek ve baharat ticareti yaparken, tacirler İpek Yolu üzerinden Orta Asya'yı aşarak Doğu Asya ile Avrupa'yı birbirine bağlıyordu.

**HAYATTA KALMA BECERİLERİ**

En eski zamanlarda denizciliğin altın kuralı kıyı kıyı gitmekti! Eğer kara görüş alanı dışındaysa denizciler gece yıldızlardan, gündüz Güneş'ten yardım alırlardı.

▲ 627 ile 643 yılları civarında Budist hacı Şuan Zanğ Çin ve Hindistan'daki kutsal ziyaretgâhlar arasında mekik dokurken 60.000 km yol kat etmişti. Bu arada kendi deyişiyle, "Ölülerin ufalanmış kemiklerinin yolu gösterdiği" Taklamakan Çölü'nü de aşmıştı.

ESKİÇAĞ KÂŞİFLERİ 11

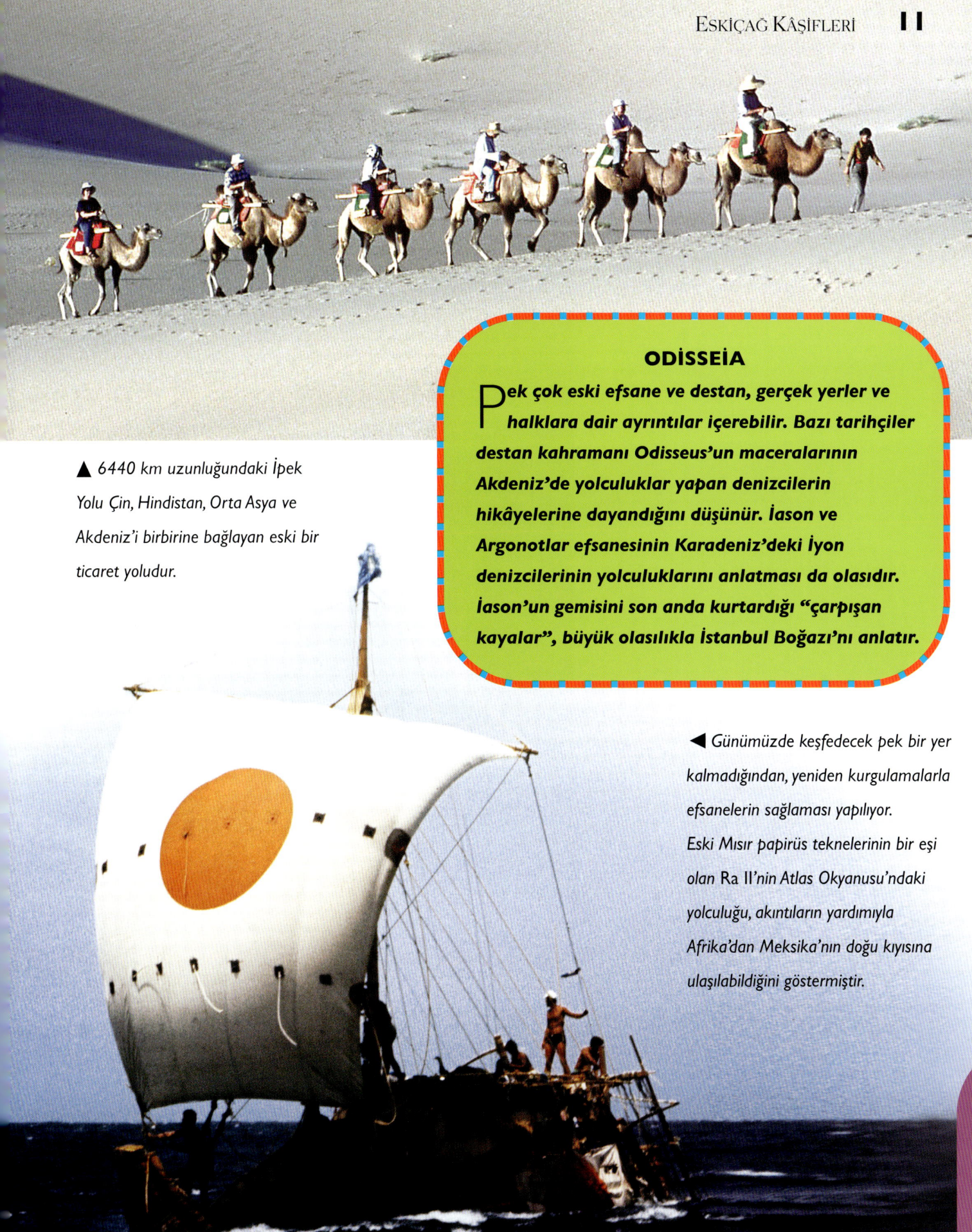

▲ 6440 km uzunluğundaki İpek Yolu Çin, Hindistan, Orta Asya ve Akdeniz'i birbirine bağlayan eski bir ticaret yoludur.

## ODİSSEİA

Pek çok eski efsane ve destan, gerçek yerler ve halklara dair ayrıntılar içerebilir. Bazı tarihçiler destan kahramanı Odisseus'un maceralarının Akdeniz'de yolculuklar yapan denizcilerin hikâyelerine dayandığını düşünür. İason ve Argonotlar efsanesinin Karadeniz'deki İyon denizcilerinin yolculuklarını anlatması da olasıdır. İason'un gemisini son anda kurtardığı "çarpışan kayalar", büyük olasılıkla İstanbul Boğazı'nı anlatır.

◄ Günümüzde keşfedecek pek bir yer kalmadığından, yeniden kurgulamalarla efsanelerin sağlaması yapılıyor. Eski Mısır papirüs teknelerinin bir eşi olan Ra II'nin Atlas Okyanusu'ndaki yolculuğu, akıntıların yardımıyla Afrika'dan Meksika'nın doğu kıyısına ulaşılabildiğini göstermiştir.

# AFRİKA
çöller • cengeller • ırmaklar

19. YÜZYILDA BATILILARIN GÖZÜNDE AFRİKA "KARANLIK KITA" İDİ. TEHLİKE DOLUYDU: SICAK, ÖLÜMCÜL HASTALIKLAR VE VAHŞİ HAYVANLAR, EN CESUR KÂŞİFLER DIŞINDA HERKESİ KORKUTURDU.

# AFRİKA'YA GENEL BAKIŞ

19.YÜZYILIN BAŞLARINDA BİLE, PEK ÇOK HARİTADA AFRİKA'NIN ORTASI BÜYÜK BİR BOŞLUKLA GÖSTERİLİRDİ. NE VAR Kİ ARAP TACİRLERİ SERVET UĞRUNA YÜZYILLARDIR BÜYÜK SAHRA'NIN İKİ KIYISI ARASINDA MEKİK DOKUYORLARDI.

18. yüzyıl sonlarında birkaç Avrupalı kâşif Büyük Sahra'yı geçmişti. 19. yüzyılda modern ilaçlar ve silahların verdiği cesaretle Park, Speke, Stanley gibi pek çok kâşif Afrika'da büyük maceralara atılmıştı. Büyük ırmakları kaynaklarına doğru takip etmiş ve Afrika cengellerini keşfetmişlerdi.

## HAYATTA KALMA BECERİLERİ

Bazı kâşifler Büyük Sahra'daki Arap tacirler gibi giyinirdi. Bazıları da özel giysileri tercih ederdi: Mantar şapkalar, sülüklere karşı sıkı safari ceketleriyle, çizmeler.

### NEDEN AFRİKA?

- **PARA:** Tacirler altın, köle ve baharat bulmak için Afrika'ya giderlerdi.
- **MERAK:** İlk kâşifler, Nil'in kaynağının nerede olduğu gibi bulmacaları çözmek istiyorlardı.
- **YABAN HAYATI:** Bazı kâşifler Afrika'ya özgü bitkilerle hayvanları kayda geçmek istiyorlardı.
- **İMPARATORLUK:** 19. yüzyıl kâşiflerinin çoğu, Avrupa devletlerinin Afrika'nın çeşitli bölümlerini işgal etmesinin yolunu açmışlardı.

# MUNGO PARK

İSKOÇYA YAYLALARINDA DOĞAN MUNGO PARK, GÜN GELİP DE NİJER IRMAĞI'NI KEŞFEDECEĞİNİ AKLININ UCUNDAN BİLE GEÇİRMEMİŞTİ.

Park 1795'te maceraya atılmak üzere Büyük Sahra'yı aştığında, bir yerli kabile reisine esir düşmüş ve kaçıp kurtulana kadar dört ay tutsak kalmıştı. 1 Temmuz 1796'da nihayet Nijer'e ulaşmıştı. Her ne kadar nehir boyunca 483 km ilerlemeyi başarmışsa da, açlıktan ve hastalıklardan bitkin düştüğü için geri dönmek zorunda kalmıştı.

1805'te Park tekrar yola çıktı. 1609 km kat etmesine rağmen ikinci keşif seferi felaketle sonuçlandı. Ekibindeki 40 kişiden yalnızca sekizi sağ kalarak Nijer'e ulaşmayı başarmıştı. Bussa Çağlayanı'nda tekneleri yerli kabilelerin saldırısına uğradığında, Park suda boğulmuştu.

### BEYAZ KIRAN

Batı Afrika bir zamanlar "beyaz adamın mezarı" diye bilinirdi. Çünkü buraya gelen binlerce Avrupalı sıtma, sarı humma ve dizanteri yüzünden yatağa düşüyordu. 1821'de Sierra Leone'ye gönderilen 79 misyonerden 53'ü ölmüştü. Marangozları, "Tabut çatmaktan başka yapacak hiçbir şey yok" demişti.

### HAYATTA KALMA BECERİLERİ

Park Afrika'daki ilk yolculuğundan talihin yardımıyla dönmüştü. Sıtma olmuştu; Avrupa'daki doktorlar bunun tedavisini bilmiyorlardı. Hastalığı boyunca ona yerel bir tacir bakmıştı.

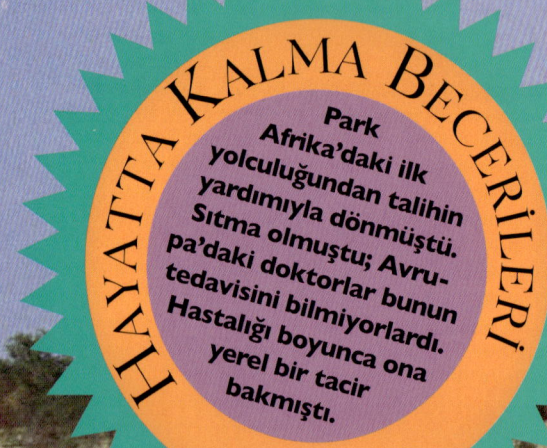

▶ Park, Nijer'e gelene kadar pek çok Avrupalı kâşif ırmağın batıya akarak Senegal Irmağı'na kavuştuğunu düşünürdü. Yerlilerse Nijer'in doğuya aktığını biliyorlardı.

# MUNGO PARK

▲ Park Afrika'ya geldiğinde hala Avrupalı kıyafeti giyiyordu. Silindir şapkasını ise tuttuğu notları saklamak için kullanıyordu.

Adı: Mungo Park
Doğumu: 10 Eylül 1771, Selkirk, İskoçya
Ölümü: Ocak 1806, Nijer boyunda Bussa yakınlarında
Kayda değer başarıları: Cerrahlık eğitimi alan Park, raslantı eseri bitkibilimci Sir Joseph Banks ile tanıştıktan sonra kâşif olmuştu. Londra'daki Afrika Derneği tarafından Nijer Irmağı'nın haritasını çıkarmak üzere seçilmişti. Avrupa'da hiç kimse bu ırmağın doğuya mı batıya mı aktığını bilmiyordu. Park efsanevi Timbuktu kentini de ziyaret edecekti. Buraya asla gidemediyse de, ırmak boyunca 1300 km ilerledi ve ırmağın doğuya aktığını keşfeden ilk Avrupalı oldu. İki keşif seferi arasında yayınladığı *Afrika'nın İç Bölgelerinde Seyahatler* (1799) adlı çok satan kitabı sayesinde meşhur oldu. Devonshire Düşesi onun onuruna bir şiir bile yazmıştı!

Nijer'de daha önce keşif seferine çıkan Daniel Houghton iz bırakmaksızın kaybolmuştu.

Park, "Ya Nijer'in başladığı noktayı bulurum ya da bu yolda ölürüm," demişti.

# RENE-AUGUSTE CAILLIE

Bir Fransız fırıncısının oğlu olan Caillié 11 yaşında babasız kalmıştı. Ne var ki *Robinson Crusoe* kitabını okuduktan sonra kâşif olmayı aklına koymuştu.

Caillié, Timbuktu'ya varacak ilk adama bir ödül verileceğini duyduğunda, bu efsanevi şehri ziyaret etmeye karar vermişti. 1827'de, Arapça öğrenip bir Müslüman kılığına girdikten sonra yola koyuldu. Caillé bir kervana katılarak Kong yaylalarını aşarak Cenne şehrine vardı. Orada hastalandığı için yolculuğuna beş ay ara vermek zorunda kaldı. Sonunda 20 Nisan 1838'de Timbuktu'ya ulaştı.

▶ Caillié Timbuktu'da altından yapılmış saraylar görmeyi umarken, kerpiçten binalar bulmuştu. Ülkesine dönmeden önce burada iki hafta kalacaktı.

▶ Kılığı Caillié'yi olabilecek sıkıntılarla belalardan korumuştu. Ancak günlüğünü yazmak için Kuran okurmuş gibi yapması gerekmişti.

Adı: Réné-Auguste Caillié
Doğumu: 19 Kasım 1799, Batı Fransa'daki Mauzé
Ölümü: 17 Mayıs 1838, La Badère, Fransa
Kayda değer başarıları: Caillié daha 20 yaşına varmadan Batı Afrika'ya iki kez gidip gelmişti. Timbuktu'ya giderek sağ salim geri dönen ilk Avrupalı'ydı. Bu sayede Paris Coğrafya Derneği'nden 10.000 Franklık bir ödül kazanmıştı. 1828'de Fransa'ya döndükten sonra Caillié doğduğu kent olan Mauzé'nin belediye başkanı olmuş ve maceralarını anlattığı bir kitap yazmıştı: *Orta Afrika'da ve Timbuktu'ya Seyahatler* (1830). Henüz 38 yaşındayken Afrika'da kaptığı esrarengiz bir hastalıktan öldü.

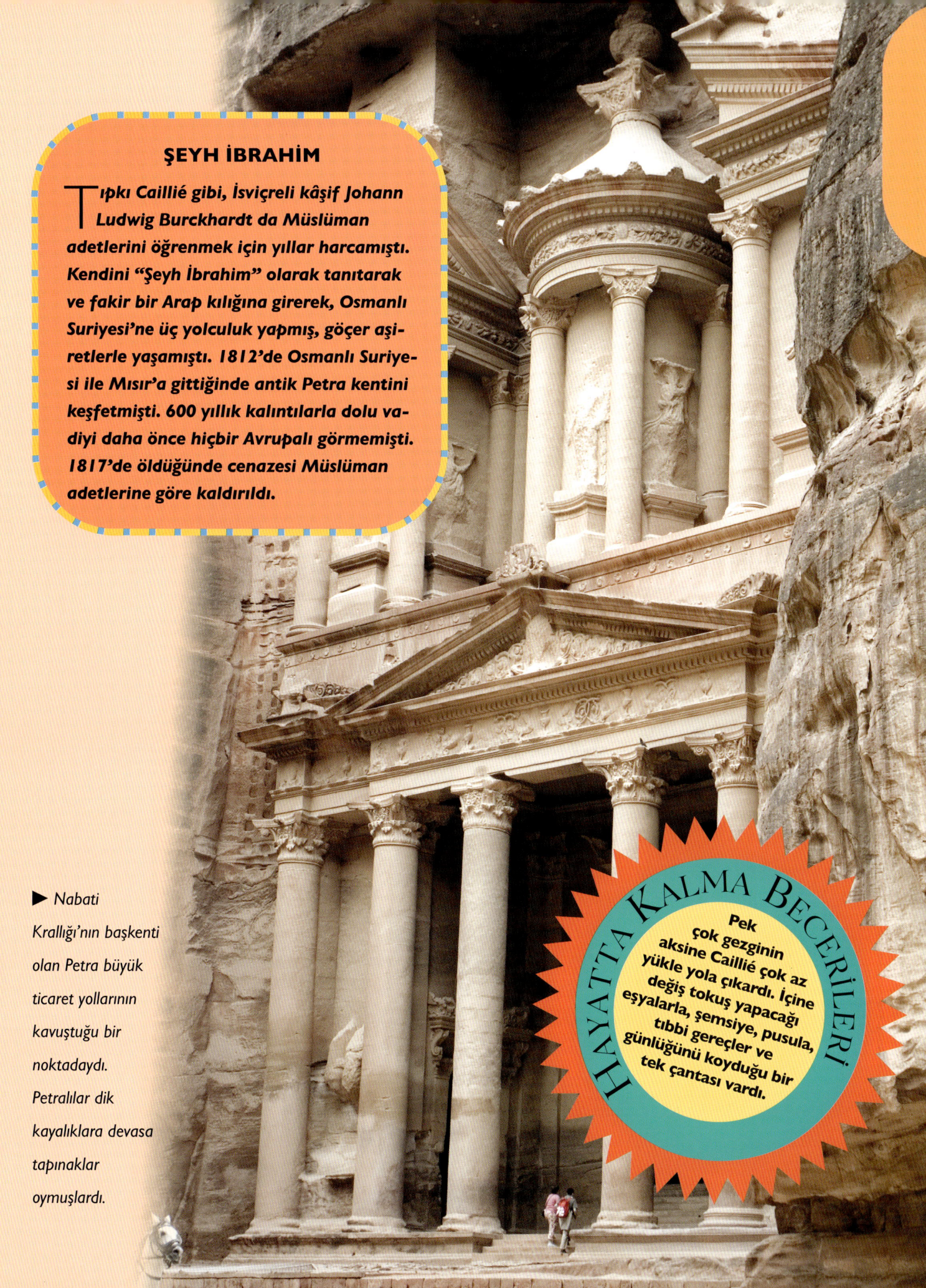

## ŞEYH İBRAHİM

Tıpkı Caillié gibi, İsviçreli kâşif Johann Ludwig Burckhardt da Müslüman adetlerini öğrenmek için yıllar harcamıştı. Kendini "Şeyh İbrahim" olarak tanıtarak ve fakir bir Arap kılığına girerek, Osmanlı Suriyesi'ne üç yolculuk yapmış, göçer aşiretlerle yaşamıştı. 1812'de Osmanlı Suriyesi ile Mısır'a gittiğinde antik Petra kentini keşfetmişti. 600 yıllık kalıntılarla dolu vadiyi daha önce hiçbir Avrupalı görmemişti. 1817'de öldüğünde cenazesi Müslüman adetlerine göre kaldırıldı.

▶ Nabati Krallığı'nın başkenti olan Petra büyük ticaret yollarının kavuştuğu bir noktadaydı. Petralılar dik kayalıklara devasa tapınaklar oymuşlardı.

### HAYATTA KALMA BECERİLERİ

Pek çok gezginin aksine Caillié çok az yükle yola çıkardı. İçine değiş tokuş yapacağı eşyalarla, şemsiye, pusula, tıbbi gereçler ve günlüğünü koyduğu bir tek çantası vardı.

# BURTON İLE SPEKE

Nİ L DÜNYANIN EN UZUN IRMAĞIDIR: 6695 KM BOYUNCA AKAR. BÜYÜK BÖLÜMÜ DE ÇÖLÜN ORTASINDAN GEÇER. ÖYLEYSE BU KADAR SU NEREDEN GELİYORDU?

Richard Burton ile John Speke Haziran 1857'de bunu keşfetmek için Zanzibar'dan yola çıkmışlardı. Zorlu çöller, bataklıklar ve dağlar aştıktan sonra ve beş ayda neredeyse 1000 km yol kat etttikten sonra Tanganyika Gölü'ne ulaşabildiler. Burton sıtma yüzünden elden ayaktan düştüğü için Spoke gölü tek başına keşfedecekti.

Dönüş yolundayken kâşifler daha da büyük bir gölün varlığını öğrendiler. Ne var ki Burton yola katlanamayacak kadar hastaydı. Speke yine tek başına yola koyuldu. 3 Ağustos 1858'de, kraliçesinin adını verdiği Victoria Gölü'ne ulaştı. Speke her ne kadar Nil'in kaynağını bulmuş idiyse de, bunu kanıtlayamamıştı.

## HAYATTA KALMA BECERİLERİ

Keşif seferleri için çok para gerekir. Burton ile Speke yola çıkarken 200 hamal tutmuşlardı. Ancak paraları bittiğinde, hamallarının da çoğu ortadan kaybolacaktı.

▼ 1990'da çekilen Mountains of the Moon (Ay Dağları) filmi, Burton (soldaki, Patrick Bergin) ile Speke (sağdaki, Iain Glen) arasındaki rekabeti ve Orta Afrika'daki yolculklarını anlatır.

## HAYAT MÜCADELESİ

Burton sağlığına kavuşurken Speke Nil'in kaynağını açıklamak için alelacele İngiltere'ye dönmüştü. Bu da Burton'ı çılgına çevirmişti. Speke 1862'de Victoria Gölü'ne bir sefer daha düzenleyerek gölün Nil'e aktığı Ripon Çağlayanı'nı buldu ve kuramını kanıtladı. Burton hala ikna olmamıştı. Speke ona karşı çıkarak, konuyu kamuya açık olarak tartışmak istedi. Ancak tartışmadan bir gün önce bir kaza geçirerek öldü. Aslında her iki adam da bir şekilde haklıydı. Speke kaynağı bulmuştu, ama bu tek kaynak değildi.

Seferin büyük bölümünde Burton hastaydı ve onu hamallar taşımıştı.

Speke bir kulağını iltihaplandıran böceği çıkarırken, o kulağı sağır olmuştu.

Stanley Viktorya Gölü'nün Nil'e döküldüğünü 12 yıl sonraki keşfinde kanıtlamıştı.

Adı: Richard Francis Burton (üstte solda)
Doğumu: 19 Mart 1821, Torquay, İngiltere
Ölümü: 20 Ekim 1890, Trieste, İtalya

Adı: John Hanning Speke (üstte sağda)
Doğumu: 3 Mayıs 1821, Bideford, İngiltere
Ölümü: 15 Eylül 1864, Bath, İngiltere

Dikkate değer başarıları: Burton ile Speke Nil'in kaynağını aramaları sayesinde meşhur olmuşlardı. Speke 1858'de Victoria Gölü'nü keşfetmekle kalmamış, ikili Tanganyika'yı gören ilk Avrupalılar olmuştu. Speke 1860'ta Afrika'ya döndü. 1862'de Victoria Gölü'nün Ripon Çağlayanı'ndan Nil'i beslediğini keşfetti, ancak yerel bir çatışma yüzünden nehri takip edemedi.

Burton 25'ten fazla dil konuşurdu. Pek çok farklı konuda 50'yi aşkın kitap yazmış ve *1001 Gece Masalları*'nı İngilizceye çevirmişti.

▲ Burton ve Speke Victoria Gölü'ne ulaşan ilk Avrupalılardı. Ancak Speke geçici körlüğe yakalandığı için suyu göremiyordu.

# LIVINGSTONE İLE STANLEY

TANGANİKA GÖLÜ KIYISINDAKİ UJİJİ'DE 10 KASIM 1871'DE AFRİKA'NIN EN MEŞHUR İKİ KÂŞİFİ KARŞILAŞMIŞTI. HENRY STANLEY BİR ADIM ÖNE ÇIKARAK, "DR. LIVINGSTONE OLMALISINIZ" DEMİŞTİ

Misyoner David Livingstone 1853'te Cape Town'dan yola çıktığında, Afrika'daki keşifleri dördüncü yılını doldurmuştu. Livingstone altı ay boyunca önce Kalahari Çölü'nü aşmış, ardından da balta girmemiş ormanları kat etmişti. Açlık ve hastalıkla boğuşarak batı kıyısındaki Luanda'ya vardı. Ülkesine dönen bir gemiye binme teklifi almışsa da kabul etmedi, çünkü hamallarını bıraktığı anda birileri onları köle edip satardı. Ülkesine dönmek yerine sellerle, saldırgan timsahlarla ve yerlilerin ona fırlattığı mızraklarla boğuşacağı tropikal ormana geri döndü.

> **ÇAĞLAYANIN KEŞFİ**
>
> Livingstone ormana döndüğünde dostu Reis Sekeletu'dan aldığı destekle, doğu kıyısını izlediği Zambezi Irmağı boyunca ilerlemişti. Yolda inanılmaz bir dizi şelaleye rastladı. Şelaleler o kadar güzeldi ki Livingstone ölüp cennete gittiğini zannetmişti. Çağlayana İngiltere'nin o dönemdeki kraliçesi Victoria'nın adını verdi.

# LIVINGSTONE İLE STANLEY

◀ Livingstone'u onunla çalışan pek çok Afrikalı çok sevmişti. 1873'teki ölümünden sonra kalbi bir ağacın dibine gömüldü. Sadık uşakları Chuma ve Susi naaşını 1600 km yol katedip, bir gemiye yüklenerek İngiltere'ye götürüleceği kıyıya dek taşımışlardı. Mezarı İngiltere'de Westminister Abbey'dedir.

## HAYATTA KALMA BECERİLERİ

Livingstone Afrika'nın içlerinde en hızlı ulaşımı küçük teknelerin sağladığını keşfetmişti. Ancak bunlar en güvenli taşıtlar değildi –bir keresinde bir su-aygırı kanosunu devirmişti.

◀ Victoria Çağlayanı'nın yerel halk arasındaki adı "Gürleyen Sis"tir.

**Adı:** David Livingstone
**Doğumu:** 19 Mart 1813, Blantyre, İskoçya
**Ölümü:** 1 Mayıs 1873, Zambia'daki Bangewulu Gölü yakınları
**Dikkate değer başarıları:** Livingstone 1841'de misyoner olarak Afrika'ya gitmişti. *Güney Afrika'da Misyonerlik Seferleri ve Araştırmalar* (1857) kitabında Doğu Afrika'daki köle ticaretinin korkunçluklarından bahseder. Afrika'yı bir kıyısından diğerine kat eden ilk Batılılardan biriydi. Victoria Çağlayanı'nı ziyaret ettikten sonra Kraliyet Coğrafya Derneği onu bir altın madalyayla ödüllendirmişti. 1858-1869 arasında Zambezi Irmağı ile Tanganika Gölü havzasını keşfetmişti.

Henry Stanley, Gal asıllı bir Amerikalı gazeteciydi. Çalıştığı gazete New York Herald onu, uzun süredir haber alınamayan Livingstone'u bulmaya yollamıştı. Stanley'in onu bulması sekiz ayını aldı. İki adam keşif gezilerini bir süre birlikte sürdürdü. Stanley de bu işe kendini kaptırmıştı. 1874'te, Livingstone'un ölümünden bir yıl sonra, üç resmi görevli ile 350 hamal ve kılavuzun eşliğinde Orta Afrika göllerini keşfe çıktı. Victoria Gölü'ne ulaşması 100 gün sürdü. Çevresini yelkenle dolandıktan sonra Stanley, Kongo Irmağında akıntı aşağı yola koyulup 11.265 km yol kat ederek Atlas Okyanusu'na ulaştı. Ölümcül akıntılarla ve yerli kabilelerle savaşmaktan yılmamıştı. Böylece inanılmaz bir başarıya imza attı.

## AFRİKA İÇİN YARIŞ

Stanley 1879'dan 1883'e dek Kongo Irmağı boyundaki pek çok kabile reisini, topraklarını Belçika Kralı II. Leopold'a devretmeleri için kandırmıştı. Bir başka kâşif, Fransız Pierre Savorgnan de Brazza (1852-1905) bu olup biteni öğrendiğinde hükümetine haber vermişti. 1885 yılı geldiğinde, Brazza da bazen silah zoruyla bazen rüşvetle Fransa için yarım milyon kilometre arazi devşirmiş ve Brazzaville kentini kurmuştu. Avrupa devletlerininin Afrika topraklarını bu şekilde paylaşması "Afrika Kapışı" diye anılır.

▼ Stanley 1871'de Dr. Livingstone'u bulmasıyla meşhur olmuştu. Günlüğüne kaydettiğine göre, "Dr. Livingstone olmalısınız," diyerek onunla tanışmıştı.

## YAKINDAN BAKIŞ

Afrika'daki Livingstone ve Stanley gibi kâşifler, bir hamal ve kılavuz ordusuna bağımlıydılar. Tüm bu çalışanları, "kirangazi" denen takım önderleri organize ederdi.

**Adı:** Henry Morton Stanley
**Doğumu:** 28 Ocak 1841, Denbigh, Galler
**Ölümü:** 10 Mayıs 1904, Londra
**Dikkate değer başarıları:** Stanley 1874'te Kongo Irmağı'nı denize dek takip ederek Afrika'nın keşfindeki en büyük sırlardan birini çözmüştü. Şöhretini (her ne kadar yaptıklarıyla ilgili pek çok küçük yalanla dolu olsalar da) çok sayıdaki kitabı ile makalesine borçluydu. Ne var ki, 1871'de bulduğu Livingstone'un aksine, Stanley Afrikalılara çoğunlukla kötü davranırdı. Hür Kongo Devleti'ni kurma vaadiyle kandırdığı kabile şeflerinin topraklarını elinden almıştı. Belçika'nın bu kolonisi Afrikalılara acımasızca davranılan bir yer olarak nam salmıştı. Stanley ülkedeki bir yol inşaatını denetlediği sıralarda, çalışanlar insafsızlığı yüzünden ona "Kaya Kıran" lakabını takmıştı.

▶ Kral II. Leopold, Kongo topraklarını kendi kişisel mülkü haline getirmişti. Ülkenin yerlilerini, ağaçlardan kauçuk toplamaya mecbur tutarak sömürmüş; bu kauçuğu uluslararası pazarlarda satarak bir servet edinmişti.

# MARY KINGSLEY

Hayatının büyük bölümünü 30'una dek Londra'da, annesine bakarak geçiren Mary Kingsley, annesiyle babasını kaybettiğinde hayatını değiştirdi. 1892'de Batı Afrika'ya yelken açan bir gemiye bindi.

Kingsley babasının kitaplığından doğa ve yerel adetler hakkında bilgi edinmiş ve British Museum'u Afrika'daki yaban hayatını araştıracağı bir keşif seferinin giderlerini karşılamaya ikna etmişti. 1893'te günümüzde Nijerya kıyısı olarak bilinen yerde karaya çıkarak, içlere doğru ilerlemeye koyuldu. Böceklerle balıkların peşinde yağmur ormanının derinliklerine gitti. İkinci bir yolculukta daha güneye inerek buharlı gemiler ve kanolarla Ogooue Irmağı'nda akıntı yukarı gitti.

## DOĞAL YETENEK

Kingsley, kendini ürkünç böceklerle tuhaf yaratıklara kaptırmış ilk kadın kâşif değildi. Maria Sibylla Merian (1699-1701) epey önce meşhur olmuş Hollandalı bir yaban hayatı ressamıydı. 52 yaşındayken kızıyla birlikte Güney Amerika'ya gitmişti. Kölelerden kurulu bir takım, geçit vermez yağmur ormanında iki kadın için palalarıyla yol açmışlardı. Merian'ın muhteşem çizimleri, kuş yiyen dev örümcek gibi pek çok hayvanı ilk kez betimlemişti.

▼ Kingsley Kamerun Dağı'na tırmanan ilk Avrupalı'ydı, ancak yeni ırmaklar ya da sıradağları keşfederek adını haritalara geçirmek gibi bir tutkusu hiç olmamıştı.

▲ Kingsley, Henry Stanley gibi büyük bir kafile eşliğinde yol almak yerine, sessiz ve sakin yol alırdı. By sayede daha önce hiçbir Avrupalı'nın giremediği yerleri görebilmişti.

Adı: Mary Henrietta Kingsley
Doğumu: 13 Ekim 1862, Londra
Ölümü: 3 Haziran 1900, Simonstown, Güney Afrika

Dikkate değer başarıları: Batı ve Orta Afrika'nın "beyaz adamın mezarı" olarak anıldığı dönemlerde Kingsley buraya iki yolculuk düzenlemişti. Yerel halklar ve yaban hayatına olan ilgisi sayesinde Fang kabilesinin ağırladığı ilk yabancı ve Kamerun Dağı'na tırmanan ilk kadın olmuştu. 1897'de yazdığı Batı Afrika'da Seyahatler kitabı hemen çok satanlar listesine girdi. Ertesi yıl Güney Afrika'daki savaş esirlerine yardım etmeye gitti. Ancak orada hummaya yakalanarak öldü.

## HAYATTA KALMA BECERİLERİ

Kingsley yolculuklarında beli sıkı, korseli bir kıyafet giyerdi. İçi kazıklarla dolu bir hayvan tuzağına düştüğünde, "İşte böyle anlarda iyi ve kalın bir eteğin kıymetini anlarsınız" demişti.

# ASYA
dağlar • bozkır • tundra

# ASYA'YA GENEL BAKIŞ

ORTA ASYA'NIN BÜYÜK BÖLÜMÜ 17. YÜZYILA DEK YERLİ OLMAYANLAR İÇİN BİLİNMEZLERLE DOLUYDU. GOBİ'NİN KIZGIN KUMLARI İLE VE CENGAVER GÖÇERLERLE YÜZLEŞMEK İÇİN ÇELİK GİBİ BİR İRADE GEREKLİYDİ.

**B**İNLERCE YILDIR ÇİN VE HİNDİSTAN'IN SERVETLERİ ASYA'NIN ÖTE YANINDAN GEZGİNLERİ ÇEKMİŞTİ.

Ortaçağda Müslüman tacirler İpek Yolu'nda gidip geliyorlardı. Çöller ve dağlar aşan bu eski ticaret yolu bir zamanlar Eski Roma'yı Çin'e bağlardı. Sonradan da Marko Polo gibi gezginler buradan geçti. Başka Avrupalılar ise Arapların Hint Okyanusu'ndan Güney ve Doğu Asya'ya uzanan deniz yolunu kullanmıştı.

Kuzeydeki Sibirya'nın uçsuz bucaksız düzlükleriyse, Kazak öncü birliklerinin Rus sınırını daha doğuya doğru genişlettikleri 17. yüzyıla dek bilinmez bir ülkeydi.

### YAKINDAN BAKIŞ

Tibet'in başkenti Lhasa "Yasak Şehir" diye bilinirdi. Dini yöneticiler şehre yabancıların girişini yasaklamıştı. Lhasa'ya giren ilk Avrupalılar kılık değiştirmek zorunda kalmıştı.

### NEDEN ASYA'YA GİTMİŞLERDİ?

- **DİN:** Fa Şyen (Fa Xian) gibi Budist hacılar Çin, Tibet, Nepal ve Hindistan'daki kutsal ziyaretgâhları görmek için büyük mesafeler aşmışlardı.
- **TİCARET:** Venedikli tacir Marko Polo baharat ve ipek için doğuya gitmişti.
- **MERAK:** İbn Battuta sırf kendi gözleriyle görmek için Asya'yı gezmişti.
- **İMPARATORLUK:** Vasco da Gama'nın keşif seferleri, Hindistan ve Doğu Afrika'da bir Portekiz imparatorluğu kurulmasını sağlamıştı

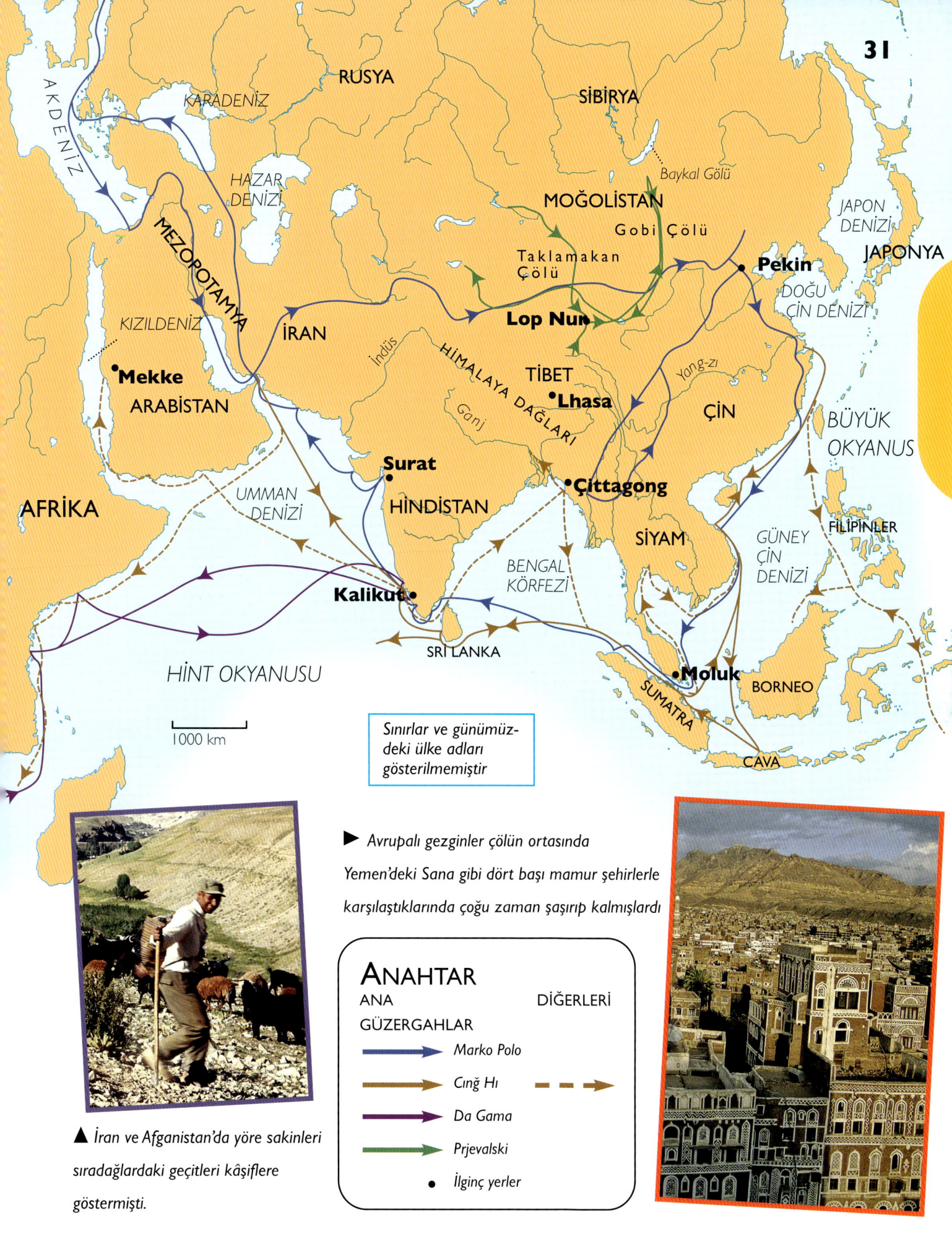

# MARKO POLO

İKİ İTALYAN TACİR, NICCOLO VE MAFFEO POLO, 1266'DA ÇİN'E GİTMİŞLERDİ. KUBİLAY HAN'I ÖYLESİNE ETKİLEDİLER Kİ, HAN ONLARDAN ÜLKELERİNE DÖNEREK PAPA'YA MESAJLARINI GÖTÜRMELERİNİ İSTEDİ.

1271'de Pololar yine yola koyuldular, bu kez Niccolo 16 yaşındaki oğlu Marko'yu da yanına almıştı. Doğu Akdeniz'e yelken açtılar, kara yoluyla Hürmüz'e gittiler. Pololar Çin'e denizden gitmeyi planlamışlardı, ancak her an batacak gibi duran tekneleri görünce caydılar. Önce İran ve Afganistan'ı, sonra Pamirler'i ve Takla Makan'ı aştılar. Kubilay Han'ın sarayına 1275'te, tam dört yılda vardılar. Han'a Kudüs'ten getirdikleri kutsanmış yağı sundular.

Adı: Marko Polo
Doğumu: 15 Eylül 1254, Venedik, İtalya
Ölümü: 9 Ocak 1324, Venedik, İtalya
Kayda değer başarıları: 16'lık delikanlı Marko Polo 1271'de Çin'e gitmek için yola çıkmıştı. Oraları ziyaret eden ilk Avrupalılardan olan Polo, Kubilay Han'ın hizmetinde yıllarca çalıştı. Çin çevresindeki ticaret seferlerinde Han için istihbarat toplayan Polo, Myanmar ve Tibet'e dek gitmişti. Polo 1295'te Venedik'e döndüğünde 39.000 km yol kat etmişti. Üç yıl sonra Venedik'in rakibi Cenova ile yaptığı bir savaşta esir düştü. Zindandayken yolculuk anılarını mahkum yoldaşı Rusthicello'ya yazdırdı. Bu metinler daha sonra (1299 dolaylarında) *Il Milione - Seyahatler* adıyla kitaplaştırıldı.

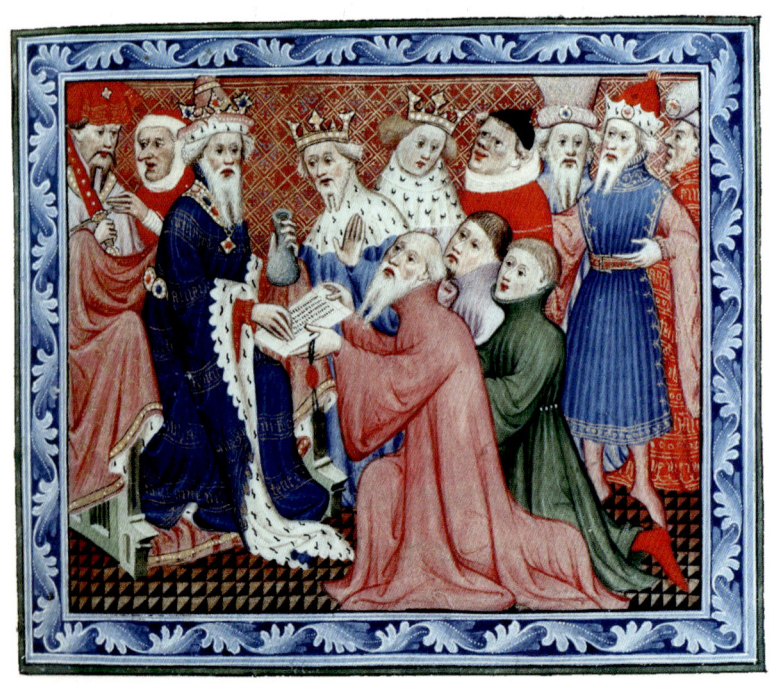

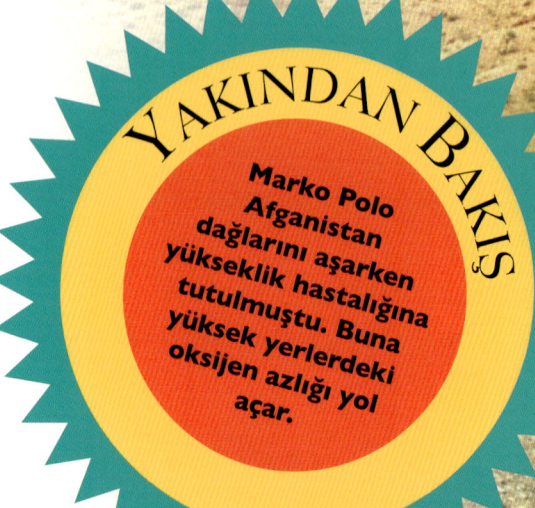

**YAKINDAN BAKIŞ**

Marko Polo Afganistan dağlarını aşarken yükseklik hastalığına tutulmuştu. Buna yüksek yerlerdeki oksijen azlığı yol açar.

◀ Poloların Papa'dan getirdikleri mektup, Kubilay Han'ın Hıristiyanlık ve Batı geleneklerini öğretecek eğitmenlere ilişkin talebine yanıttı.

▼ Pololar Gobi Çölü'nü katıldıkları bir kervanla geçmişlerdi. Coğrafya çetin görünse de, çölü aşan yol çok iyi organize edilmişti.

### GEZGİNLERİN HİKÂYELERİ

Marko Polo, Gobi Çölü'nü geçen gezginleri, onları çağıran "hortlak sesleri" konusunda uyarmıştır. Bu seslerin yolcuları yoldan çıkarttığını söylemiştir –ki bu da ölümcül bir tehlikeydi! Marko ateşte yanmayan bir kumaş da görmüştü. Avrupalılar bu kumaşın semender denen kertenkelemsi çöl yaratığının yününden dokunduğuna inanmıştı. Marko kumaşın bir taştan dokunduğunu keşfetmişti. Bugün o taşı asbest olarak tanıyoruz.

Kubilay Han Pololara güvenmiş ve onları hizmetine almıştı. Doğu Asya'da çıktıkları yolculuklarda Marko yerel adetleri kayda geçiyor ve Han'a rapor olarak sunuyordu. Marko saatlerce yanan bir kara taştan (kömür) ve posta tatarlarının bir gün içinde mesajları 185 km uzağa ilettiği müthiş bir posta sistemini betimlemişti.

Marko, Kubilay Han'ın saray hayatına da hayran kalmıştı. Altın ve gümüş yaldızla kaplı kabul salonunda aynı anda 6000 kişiye ziyafet vermek mümkündü. 17 yıl sonra Pololar vatan hasreti çekmeye başladı. Han dönüş yolunda onlara son bir görev verdi: İran'a, İlhanlı sarayına gelin gidecek bir prensese eşlik ettiler. 1295 kışında Venedik'e vardılar.

▼ *Kubilay Han ava 10.000 atlı ve 5.000 köpekle giderdi.*

### ACAYİP DİYARLAR

Marko Polo'nun hikâyeleri ejderhalar, tekboynuzlar ve kuyruklu ucube insanlarla kaynar. Ne var ki gerçek yerlerden ve halklardan da söz etmiştir. Kubilay Han'ı tombul ve "akça pakça suratlı, al yanaklı" bir adam olarak betimler. Marko bambuların yanarken çıkardıkları patlama sesinden, Myanmarlıların sevdikleri dövmelerden, Moğol atlılarıyla fil süren isyancılar arasındaki bir muharebeden bahseder. Marko ölüm döşeğindeyken, "Gördüklerimin yarısını bile anlatamadım," demişti.

# MARKO POLO 35

> Han'ın bir haremi vardı. Saray görevlileri yeni kadınları 400 ila 500 aday içinden seçerdi.

> Polo Çinlilerin kâğıt paralarına ve incelikle bezenmiş porselen kâselerine hayrandı.

◀ Çin Seddi kuzeydeki atlı göçerlere karşı yapılmış, ancak Türk-Moğol ordularını durduramamıştı. Kubilay'ın hanlığı Asya'dan Avrupa'ya uzanan Cengizoğulları İmparatorluğu'nun bir parçasıydı.

▶ Moğollar at sırtında bile savaşan gözü pek cengaverlerdi. İran'ın Nişapur şehrinde kılıçtan geçirdikleri insanların kellelerinden bir tepecik yapmışlardı.

## HAYATTA KALMA BECERİLERİ

Pololara göre İran gemileri "sadece sicimlerin bir arada tuttuğu sefalet numuneleri" idi. Ülkelerine dönerken Kubilay Han onlara dev cönklerden kurulu bir donanma vermişti.

Combat à pied - Perse mongole début du XV<sup>e</sup> siècle, Coll. S, Veber

# İBN BATTUTA

**İBN BATTUTA 1325'TE HACCA GİTMEK ÜZERE FAS'TAN YOLA ÇIKTIĞINDA 21'İNDEYDİ. MISIR'DA ONA HİNDİSTAN VE ÇİN'E GİTMESİNİ ÖĞÜTLEYEN BİR TACİRLE TANIŞMIŞ VE "NEDEN OLMASIN?" DİYEREK YOLLARA DÜŞMÜŞTÜ.**

Hacca gittikten ve Mezopotamya'da 7000 km yol kat ettikten sonra Battuta Doğu Afrika kıyılarına yelken açmıştı. Zeyla limanından geçmiş ve burayı "cihanın en pis kokulu şehri" diye anmıştı. Hindistan'a ise Orta Asya üzerinden geçmeye karar vermişti. Bunun için katıldığı kervanın sahibi Özbek Han öylesine zengindi ki, sırf üçüncü kadınının 5000 muhafızı ve köleleriyle eşyalarını taşıyan 400 arabası vardı!

---

Adı: İbn Battuta
Doğumu: Tanca, Fas, 1304
Ölümü: Fas, Fas, 1377
Kayda değer başarıları: İbn Battuta çağının en ünlü gezginiydi. Mısır, Doğu Afrika, Suriye, Arabistan, Anadolu, Sibirya, Hindistan ve Çin'i gezmişti. 120.000 km yol kat ederek, ondan önce kimsenin görmediği kadar çok yer görmüştü. "Güzel bir fikir" olarak gördüğü için yollara düşmüş ve ilk seyahati 24 yıl sürmüştü. Ülkesine döndükten iki yıl sonra Batı Afrika'yı keşfe çıkmıştı. Rıhla - Seyahatler adındaki kitabını ülkesinde kaleme aldı.

---

▼ İbn Battuta'nın kıtalararası müthiş seyahati, Mekke'ye giderek hacı olmak için yola çıkmasıyla başlamıştı.

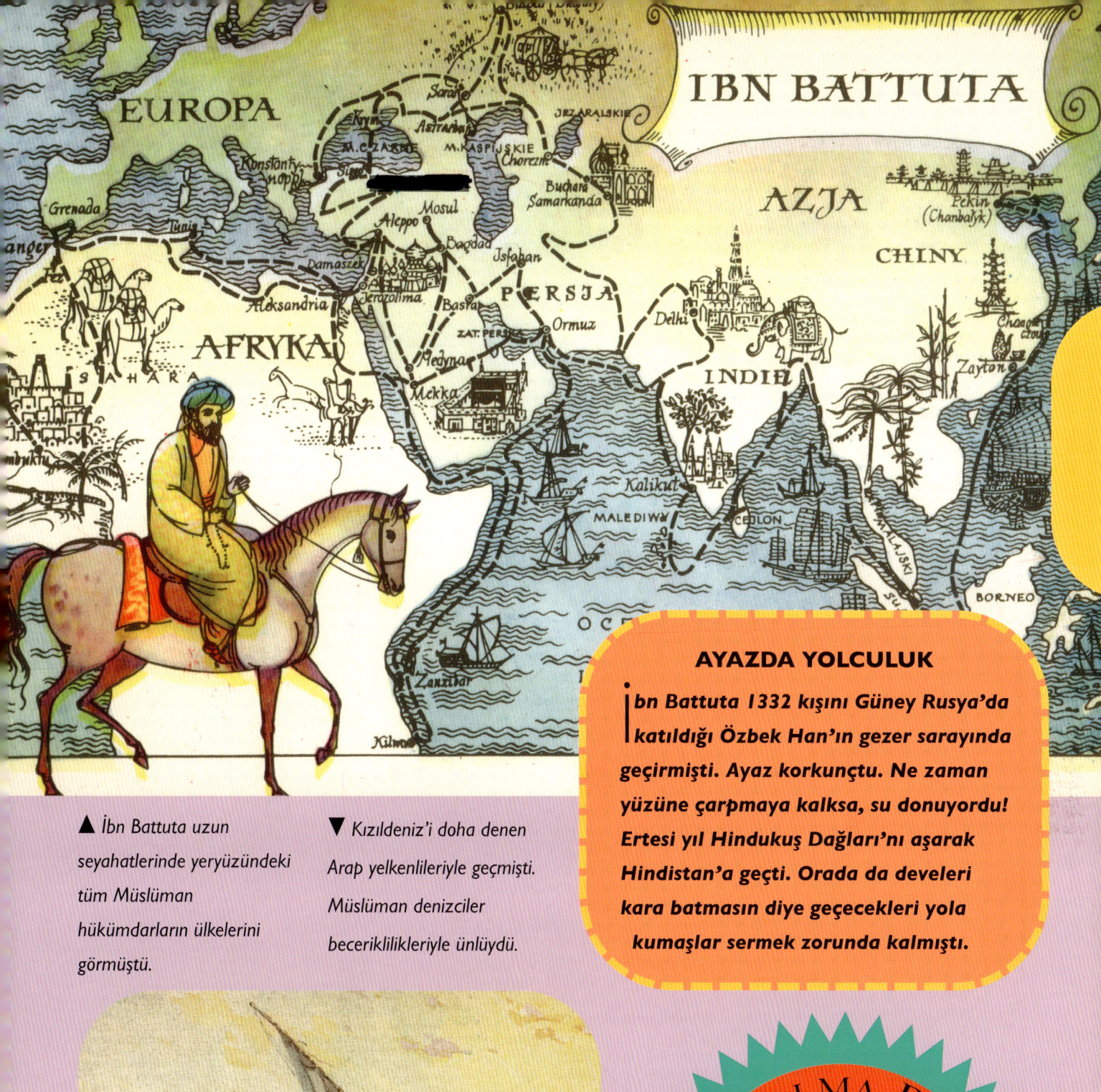

# İBN BATTUTA

▲ İbn Battuta uzun seyahatlerinde yeryüzündeki tüm Müslüman hükümdarların ülkelerini görmüştü.

▼ Kızıldeniz'i doha denen Arap yelkenlileriyle geçmişti. Müslüman denizciler becerikliliklerıyle ünlüydü.

### AYAZDA YOLCULUK

İbn Battuta 1332 kışını Güney Rusya'da katıldığı Özbek Han'ın gezer sarayında geçirmişti. Ayaz korkunçtu. Ne zaman yüzüne çarpmaya kalksa, su donuyordu! Ertesi yıl Hindukuş Dağları'nı aşarak Hindistan'a geçti. Orada da develeri kara batmasın diye geçecekleri yola kumaşlar sermek zorunda kalmıştı.

### HAYATTA KALMA BECERİLERİ

İbn Battuta, Orta Asya'nın sert kışını ancak üst üste üç kürk, iki pantolon, iki kat çorap ve ayı postundan çarıklar giyerek çıkarabilmişti.

Hindistan'da Delhi Sultanı, İbn Battuta'yı çok sevmiş ve onu Baş Kadı yapmıştı. Ancak İbn Battuta'nın maaşını tüketmesi çok sürmemişti. Sultan'ın gazabından korkarak çöle kaçmış ve aç açına 40 gün dayanmıştı! Neyse ki Sultan onu affetmiş, hatta onu elçi olarak Çin'e yollamıştı.

İbn Battuta Çin'e Maldivler, Sri Lanka ve Sumatra'dan geçerek gitmişti. Yoldayken gemisi kaza geçirip korsanların saldırısına uğramış; kellesini de son anda kurtarmıştı. Güney Çin'deki Guangçoğ limanıyla Pekin'i görmüş, porselen ve kağıt para gibi Çin icatlarından bahsetmiştir.

İbn Battuta 1347'de veba Ortadoğu'yu kasıp kavururken Mısır'a dönmüştü. Battuta burnu bile kanamadan 1348'de Fas'a ulaşacaktı.

▼ İşlek bir şehir olan Delhi, Hindistan'ın başkentidir. İbn Battuta'nın zamanında burası Delhi Sultanı Muhammed ibn Tuğluk'un başşehriydi.

**YAKINDAN BAKIŞ**

İbn Battuta Delhi'ye 1333 sonlarında vardı. Sultan gelişini kutlamak için fillerin sırtlarındaki mancınıklarla halka para saçıyordu. Ama ne karşılama!

## LEYLEĞİ HAVADA GÖRMEK!

İbn Battuta memleketine döndükten sonra, görecek başka yerler olduğu için rahat duramadı. 1331'deki 16.000 km'lik son yolculuğunda deve sırtında Büyük Sahra'yı geçerek Mali ve Timbuktu'ta gitmişti. Nijer Nehri'nde yelken açtığında su aygırları ve timsahlar görecekti.

İbn Battuta'da şeytan tüyü vardı! Yolculukları boyunca pek çok kez evlenip boşanmıştı.

Hindistan'a vardığında küçük bir haremi vardı, ancak Çin'e giderken onları bırakacaktı!

### GEMİCİ SİNBAD

İbn Battuta'nın inanılmaz yolculuklarıyla ancak efsanevi gemici Basralı Sinbad'ınkiler boy ölçüşebilir. 1001 Gece Masalları, Hint Okyanusu'ndaki gemicilerin yaşadığı olaylar üzerine kurulmuştur. Sinbad insan yiyen maymunlar, rok denen devasa kuşlar, aslında dev bir balık olan adalar gibi cins cins korkulu şeyle karşılaşır…

▶ Sinbad'ın serüvenleri pek çok kez filme de çekilmiştir. Douglas Fairbanks Jr. 1947'de Sinbad'ı oynamıştı.

# CINĞ HI

**Ç**İNLİ AMİRAL CINĞ HI (ZHENG HE) 1405'TE 62 DEVASA CÖNK, 225 KÜÇÜK TEKNE VE 28.000 ADAMDAN KURULU BİR DONANMANIN BAŞINDA HİNDİSTAN VE DOĞU AFRİKA'YA YELKEN AÇMIŞTI.

Gemilerinde denizcilerin ve askerlerin yanı sıra bilim adamları, doktorlar ve tacirler de vardı. Cınğ Hı'nın ordusu karşısına çıkacak her düşmanı sindirecek güçteydi, ne var ki o zeki bir diplomattı. Çin ipeği ve porselenlerinden armağanlar dağıtıyor, yerel tanrılara adaklar sunuyordu.

Yol boyunda Cınğ Hı dehşet içindeki bir korsanı esir almış, Mekke'ye dek gitmişti. Ülkesine döndüğünde gemileri ağzına dek fildişi, inci, değerli taşlar, baharatlar ve ilaçla doluydu.

▲ En büyük hazine cönklerinin boyu 137, eni 55 metreyi buluyordu –bu da Kolomb'un Santa Maria'sının 10 katı demekti.

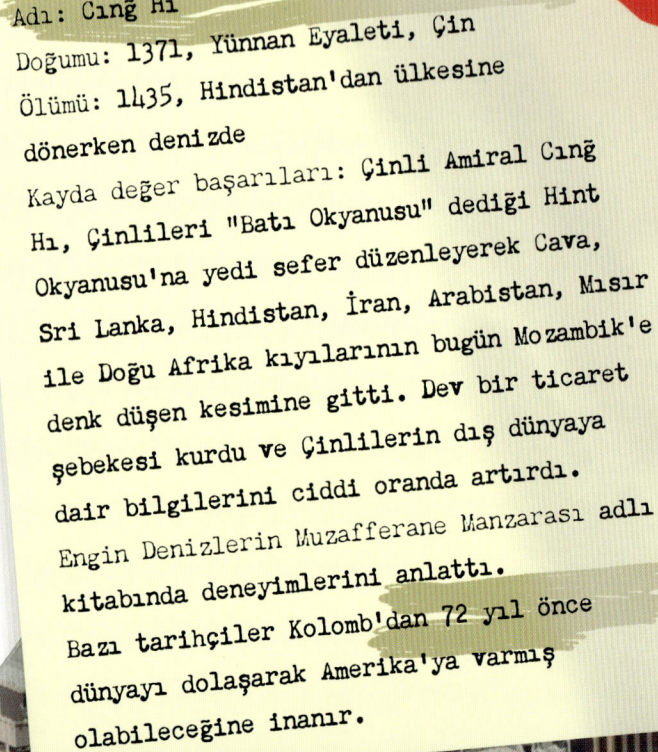

Adı: Cınğ Hı
Doğumu: 1371, Yünnan Eyaleti, Çin
Ölümü: 1435, Hindistan'dan ülkesine dönerken denizde
Kayda değer başarıları: Çinli Amiral Cınğ Hı, Çinlileri "Batı Okyanusu" dediği Hint Okyanusu'na yedi sefer düzenleyerek Cava, Sri Lanka, Hindistan, İran, Arabistan, Mısır ile Doğu Afrika kıyılarının bugün Mozambik'e denk düşen kesimine gitti. Dev bir ticaret şebekesi kurdu ve Çinlilerin dış dünyaya dair bilgilerini ciddi oranda artırdı. Engin Denizlerin Muzafferane Manzarası adlı kitabında deneyimlerini anlattı. Bazı tarihçiler Kolomb'dan 72 yıl önce dünyayı dolaşarak Amerika'ya varmış olabileceğine inanır.

## DÜRÜST TİCARET

Avrupalı çoğu kâşifin aksine, Cınğ Hı'nın asıl hedefi ticareti teşvik etmek ve ittifaklar kurmaktı. Ne var ki imparatorun 1424'te ölmesinden sonra yabancı ülkelere seyahatler yasaklandı. Cınğ Hı'nın muazzam donanması çürürken, notlarıyla haritalarından bazıları yok edildi. Çin keşifler çağını kapatırken, Avrupalı kâşiflere açık yollar bırakmıştı.

▶ Cınğ Hı Afrika'dan dönerken Malindi Krallığı'ndan Çin İmparatoru'na hediye bir zürafa getirmişti.

### HAYATTA KALMA BECERİLERİ

MS 1000'de, Avrupalı denizcilerden 300 yıl önce, Çinli denizcilerin çoğu pusula kullanırdı; hatta 1300'lerde bir ızgara sistemine dayanan zekice hazırlanmış haritaları da vardı.

Cınğ Hı, Avrupalı kâşiflerden en az 100 yıl önce Doğu Afrika kıyılarına ulaşmıştı.

Tayland'dan Sri Lanka'ya ve Doğu Afrika kıyılarına uzanan ticaret yolları kurmuştu.

◀ Cınğ Hı'nın ölümünden sonra Çin'de uluslarası deniz ticareti durmuş ve Hong Kong gibi büyük doğal limanlar ihmal edilmişti. Zaman içinde de Çinliler okyanus aşan dev tekneler inşa etmeyi unutacaktı.

# VASCO DA GAMA

Vasco da Gama büyük bir denizciydi, ancak şiddet düşkünü bir adamdı. 1497'de dört gemi ile Lizbon'dan yola çıkmış ve sadece dört ayda önceki keşif seferlerinin rekorunu kırarak, Afrika'nın güney burnunu dönüp Hint Okyanusu'na ulaşmıştı.

Ancak Gama yiyecek ve su almak için Doğu Afrika kıyısında durduğunda, yerlilerle çatışmaya girdi. Mozambik'te gemisinden kalabalığa ateş açtırdı ve Mombasa'da pek çok Arap gemisine saldırdı.

Muson rüzgârlarının yardımıyla Gama 23 günde Hindistan'a vardı. Kalikut hükümdarı Gama'nın sunduğu ucuz hediyelerle alay etti. Gama her an kapışmaya hazırdı, ancak sonunda ülkesine baharat yüklü gemilerle dönmüştü. Ama bundan memnun kalmamış, ülkesine dönerken Hint kıyılarında pek çok gemiyi yağmalamıştı.

## YAKINDAN BAKIŞ

Gama'nın şiddet düşkünlüğü Avrupa–Hindistan ilişkilerinin kötü başlamasına yol açmıştı. 1502'de kaçırdığı bir gemiyi içinde yüzlerce Müslüman'la yakmasıyla nam salmıştı.

---

**Adı:** Vasco da Gama
**Doğumu:** 1460, Sines, Portekiz
**Ölümü:** 24 Aralık 1524, Cochin, Hindistan
**Kayda değer başarıları:** Portekizli denizci Vasco da Gama, Portekiz'den Hindistan'a deniz yoluyla giden ilk Avrupalı'ydı. Bu yol sayesinde Avrupalılar uzun ve zorlu İpek Yolu'na bağlı kalmadan Doğu Asya ile ticaret yapabileceklerdi. Gama'nın seferi sayesinde Portekiz 250 yıl boyunca Hindistan ticaret yoluna hakim oldu.

Gama Hint Okyanusu Amiralliği'ne atanarak 20 gemiyle Hindistan'a geri gitmişti. Orada Arap gemilerinden kurulu bir donanmayı imha ederek Kalikut ve Goa'da ticaret merkezleri kurmuştu. Portekiz'e gemiler dolusu hazineyle döndükten sonra 1519'da kontluğa yükseltilecekti.

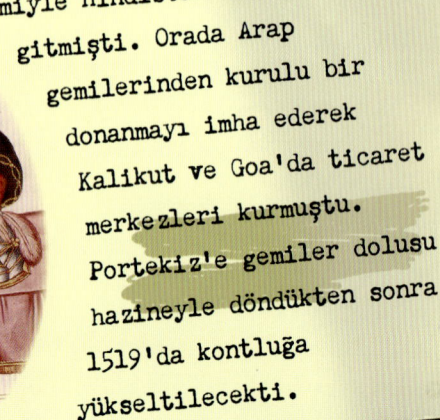

# VASCO DA GAMA

◄ Modern silahlar Avrupalılara büyük bir üstünlük sağlamıştı. Gama'nın gemilerindeki toplar, barutlu silah taşımayan Arap ve Hint gemilerini delik deşik etmişti.

## KAZA ESERİ BİR KEŞİF

Gama'nın iki seferi arasında, bir başka Portekizli gemici de Hindistan'a yelken açmıştı. Pedro Alvares Cabral (y.1467-y.1520) 1500'de denize açıldı. Dümenini Gama'nın Afrika kıyısına göre rüzgârların daha yardımcı olduğunu söylediği Atlas Okyanusu'na kırmıştı. Ancak Cabral güneydoğuya doğru biraz fazla giderek Brezilya'yı keşfetti! Bu ülkeyi Portekiz'in mülkü ilan ettikten sonra Hindistan'a girerek Cochin limanında ticaret de yapmıştı.

▼ Portekiz etkisi taşıyan mimarlık örnekleri Goa'da hâlâ görülebilir.

Gama Hint Okyanusu'nu aşarak Kalikut'a gitmek için Arap bir kılavuz tutmuştu.

Gama memleketi Lizbon'a dönüş yolunda, iki gemi ile 55 adamını kaybetmişti.

# NİKOLAY PRJEVALSKİ

RUS ORDUSUNUN SUBAYLARINDAN NİKOLAY PRJEVALSKİ, TİBET'İN BAŞKENTİ LHASA'YA ULAŞMAYI AKLINA KOYMUŞTU.

Hızlı yolculuklara çıkmayı severdi. Bir yolculuğunda üç yıl içinde 24.000 km yol kat etmişti. Bu kez çöllerle dağlar çetin, yiyecekle içecek ise kıttı. Durum öylesine vahimdi ki, develer semerlerini parçalayarak içindeki kuru otları yemişlerdi.

Prjevalski Rus hükümeti için haritasını çıkarttığı Orta Asya'yı zikzaklar çizerek aşmıştı. Lop Nur tuz gölüne ulaşan ve Dunhuanğ'daki Bin Buda Mağaraları'na ayak basan ilk yabancı olmuştu. Her ne kadar Lhasa'ya ulaşamamışsa da, o zamana dek Batı haritalarında boş bir alan olarak duran Orta Asya'nın büyük bölümünün haritasını çıkartmıştı.

▲ *Prjevalski yolculukları sırasında bilimsel notlar alıyor ve bitki örnekleri topluyordu. Yabani Baktriya devesi sürüleriyle sonradan onun adıyla anılan Prjevalski atlarını keşfetmişti.*

## YAKINDAN BAKIŞ

Prjevalski tam bir av tutkunuydu. Tibet öküzleri, kurtlar, geyikler –uçan kaçan hiçbir şey– namlusundan kurtulmazdı. 1885'te yeni yılı 23 orongo antilopu vurarak kutlamıştı.

---

**Adı:** Nikolay Mihayloviç Prjevalski
**Doğumu:** 31 Mart 1839, Smolensk, Rusya
**Ölümü:** 20 Ekim 1888, Karagöl, Kırgızistan
**Kayda değer başarıları:** 1871-1888 arasında Prjevalski Orta Asya'nın kapılarını Rusya'ya açmak üzere beş keşif seferi düzenlemişti. Çöller, dağlar ve donmuş ırmaklarla dolu bu coğrafyayla tanışan ilk Batılı'ydı. Birinci seferinde güneye inerek Gobi Çölü'nü aşmış, Çin'deki Sarı Irmak ile Gök Irmak'ın kaynaklarını keşfetmişti. Daha sonra Tanrı Dağları'nı aşarak Takla Makan'ın çevresini dolaşmış ve Marko Polo'dan sonra Lop Nur'u gören ilk Avrupalı olmuştu.

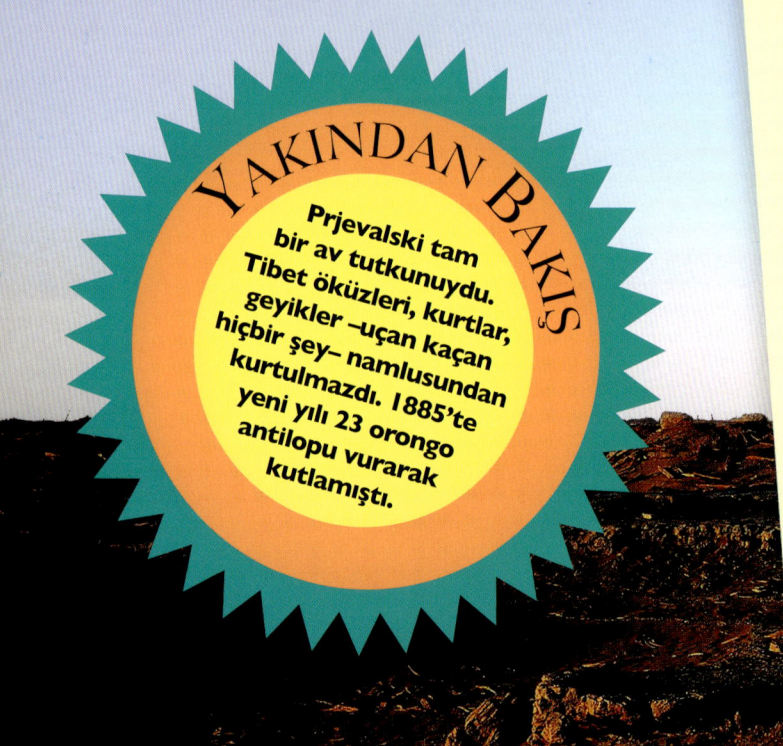

NİKOLAY PRJEVALSKİ  **45**

### SUSUZ HARİTACI

Prjevalski gibi İsveçli kâşif Sven Hedin de (1890-1935) haritacıydı. Hedin Tibet'in büyük bölümü ile Himalayalar'ı ve eski İpek Yolu'nun büyük bölümünü keşfederek haritaladı. Takla Makan'daki eski Kiruran (Loulan) harabelerini keşfetti. Yolculukları sırasında bir meslektaşıyla susuz kalmış, çölde çaresizce sürünerek bir vahaya ulaşmış, ayakkabılarını suyla doldurarak arkadaşının yanına geri dönmüştü.

▶ Hedin'in Himalayaların bir sıradağ olduğunu ilk fark eden kişi olduğu tahmin edilmektedir.

▼ Prjevalski ilk keşif seferinde bir tuz gölü olan Lop Nur'a da ulaşmıştı. Eşliğinde üç Kazak süvarisi vardı, çünkü bölgedeki zorlu arazilerle ancak bu usta süvariler başa çıkabilirdi.

Resmi görevliler Prjevalski'yi Lhasa'nın sadece 260 km ötesinden geri döndürmüşlerdi.

Lhasa Tibetli Budistler için kutsaldı ve 1904'e dek Avrupalıların buraya girmesi yasaktı.

Prjevalski'nin haritaları Rus ordusunun Çinlilere karşı taktik geliştirmesine yaramıştı.

# ISABELLA BIRD

**K**ADINLAR 19. YÜZYILIN BAŞLARINDA TEHLİKELİ YOLCULUKLARA ÇIKAMAYACAK DENLİ ZAYIF GÖRÜLÜRLERDİ. ISABELLA BIRD BU DÜŞÜNCEYİ YIKAN PEK ÇOK KADIN KÂŞİFTEN BİRİYDİ.

Bird'in çocukluğu hastalıklarla geçmişti. 23 yaşındayken doktorunun tavsiyesiyle ilk yolculuğuna çıktı. Hawaii, Avustralya ve Kuzey Amerika'yı gezdi; Rocky Dağları'nda at sırtında 1300 kilometre yol yaptı. Ancak en büyük serüveni 1890'da, 58 yaşındayken başlayacaktı. Bağdat'tan Tahran'a kış yolculuğuna çıkan bir subaya eşlik etti. Feci bir yolculuktu. Mantar bir şapka, kar gözlükleri ve yün kar maskesine rağmen gece gündüz donmuştu. Katırı Tahran'a ulaştığında öyle katılaşmıştı ki, hayvanın sırtından zor inebildi.

Adı: Isabella Lucy Bird
Doğumu: 15 Ekim 1831, Boroughbridge, İngiltere
Ölümü: 7 Ekim 1904, Edinburgh, İskoçya
Kayda değer başarıları: Bird bilinmeyen bir yeri keşfetmemiş olsa da, kadınların evde oturmalarının beklendiği bir zamanda en muhteşem serüvenleri yaşamıştı. Japonya, Çin, Vietnam, Kore, Hindistan, Tibet, Türkiye, Fas, Hawaii ve Avustralya topraklarını görmüş, Kuzey Amerika'da uzun yolculuklara çıkmıştı. Bird seyahatlerinin giderlerini, onlar hakkında yazarak karşılardı. Sık sık dergilerde yazılarını yayımlatarak ün kazanmış ve 1892'de Kraliyet Coğrafya Derneği'ne davet edilen ilk kadın olmuştu.

▼ Tahran'a ulaştıktan sonra Bird, İstanbul'a gidebilmek için altı ay daha harcamıştı.

> Bird Kuzey İran'dan Anadolu'ya gitmek için bir kervan kurmuş ve başına geçmişti.

> Bird Rocky Dağları'nda tek gözlü eşkıya Jim Nugent ile iyi arkadaş olmuştu.

▼ Bird uzun bir yolculuk sonunda Bağdat'tan Elburz eteklerindeki Tahran'a ulaşmıştı. Eğere yan oturmak yerine erkek gibi oturunca bir rezalet yaşanmasına yol açmıştı. 72 yaşında Fas'a gittiğinde ona hediye edilen Sultan adındaki ata binmek için merdiven kullanması gerekmişti.

### HAYATTA KALMA BECERİLERİ

Bird'ün Bağdat-Tahran yolculuğunaki menüsü bisküvi, hazır toz çorba, hurma ve keçi sütünden oluşuyordu. Yol boyunca neredeyse 12 kg vermişti.

### GERTRUDE BELL

Gertrude Bell (1868-1926) Suriye, Mezopotamya ve Anadolu'daki antik kentleri keşfetmek ve bilgi toplamak için 10 yıl harcamış kanlı canlı bir Indiana Jones idi. 1913'te Bell Arabistan Çölü'nde çıktığı yolculuk sırasında Bedevilerle çatışmaya girmiş ve Osmanlı subayları tarafından tutuklanmıştı. Ona "Çölün Kızı" adını takan Çöl Araplarını inceleyen ilk Batılı'ydı. Bell haremler gibi erkeklere yasak yerlere de girebiliyordu. I. Dünya Savaşı'nda Araplarla ittifak kurmak isteyen İngiliz ordusuna danışmanlık yapmıştı.

▶ I. Dünya Savaşı'ndan sonra Gertrude Bell İngilizlerin Irak'ı kurmasında da rol oynamıştı.

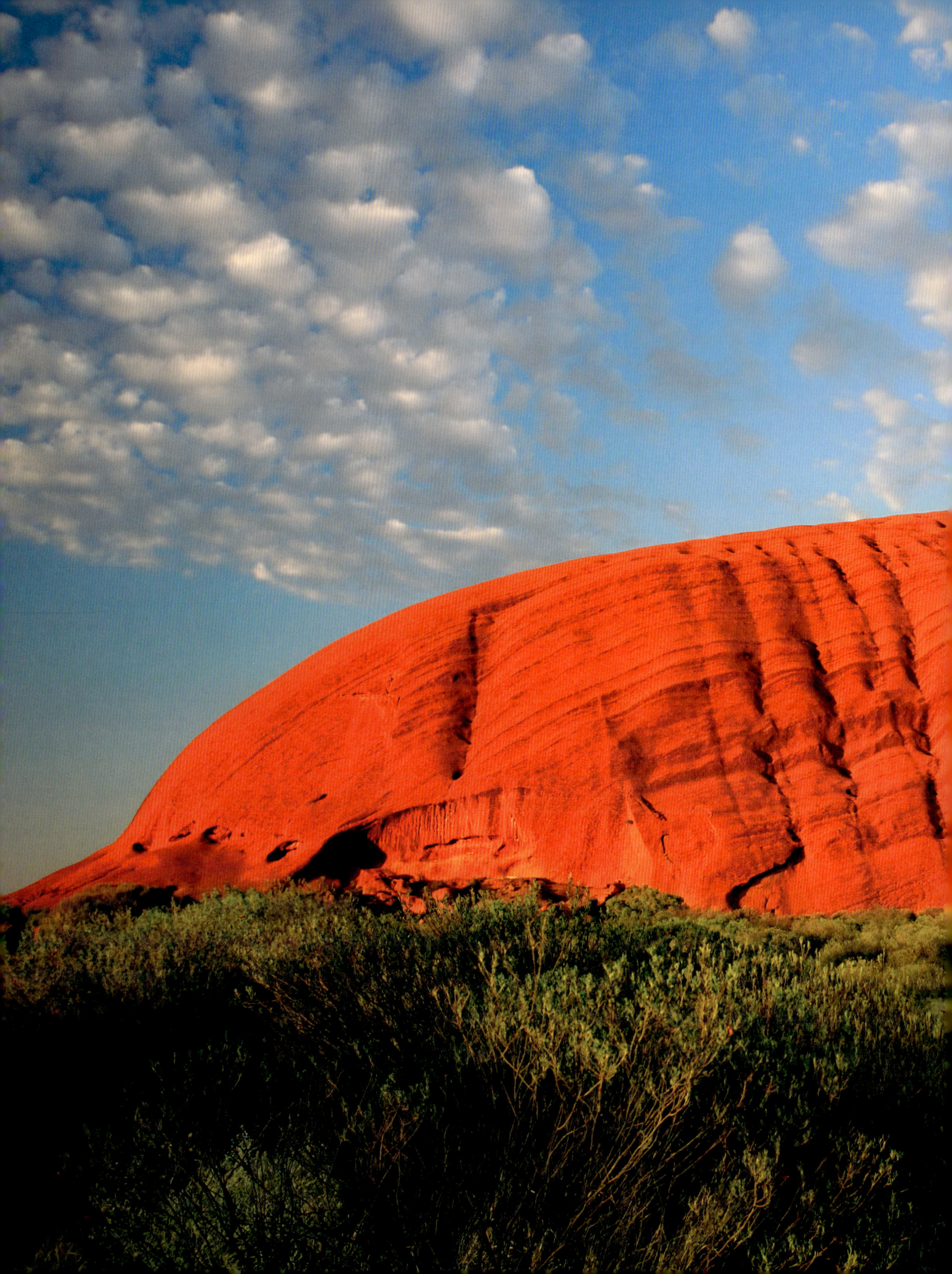

# OKYANUSYA
## bozkır • adalar • okyanus

# OKYANUSYA'YA GENEL BAKIŞ

**P**OLİNEZYALILAR MS 400'DEN SONRA ADADAN ADAYA GEÇEREK BÜYÜK OKYANUS'TA YELKEN AÇMIŞLARDI. FERDINAND MACELLAN İSE 16. YÜZYILDA BU SULARI AVRUPALILARA AÇACAKTI.

Avrupalı ilk kâşiflerden bazıları Avustralya'ya gitmişlerdiyse de, sadece James Cook 1770'te yeni bir kıta keşfettiğini fark etmişti. Kolonici kısa sürede kıtaya akın etti, ancak kuzeydeki yağmur ormanlarıyla iç bölgedeki çöller 19. yüzyıl ortalarına dek kâşiflere mezar olmuştu.

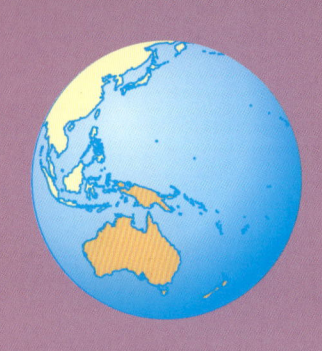

AVUSTRALYA, AVRUPA'DAN DEHŞETLİ VE UZUN BİR DENİZ YOLCULUĞU DEMEKTİ. ANCAK AVRUPALILAR KITAYA VARDIKTAN SONRA KÂŞİFLER ÇÖLLERE VE BATAKLIKLARA MEYDAN OKUDULAR.

### HAYATTA KALMA BECERİLERİ
Avustralya çölünü aşmak isteyen biri sıcaktan ya da susuzluktan ölmezse, yılanlar ve akrepler pusudaydı. Kuzeyde ise timsah dolu bataklıklar, sıtma ve balta girmemiş ormanlar vardı.

### NEDEN ORAYA GİTMİŞLERDİ?

- **ARAZİ:** Okyanus'taki ilk gezginler, yeni ülkeler bulmak için adadan adaya yelken açmışlardı.
- **TİCARET:** Tacirler Doğu Asya'ya kestirmeden giden yollar arıyorlardı –tıpkı Kolomb gibi!
- **BİLİM:** James Cook Venüs gezegeninin hareketlerini izlemek için yola çıkmış, yerel yaban hayata ilişkin kayıtlar tutmuş ve "Büyük Güney Kıtası"nı keşfetmişti.
- **İSTİLA:** 19. yüzyıla gelindiğinde kâşifler için imparatorluklar, bilim veya ticaretten önemli hale gelmişti.

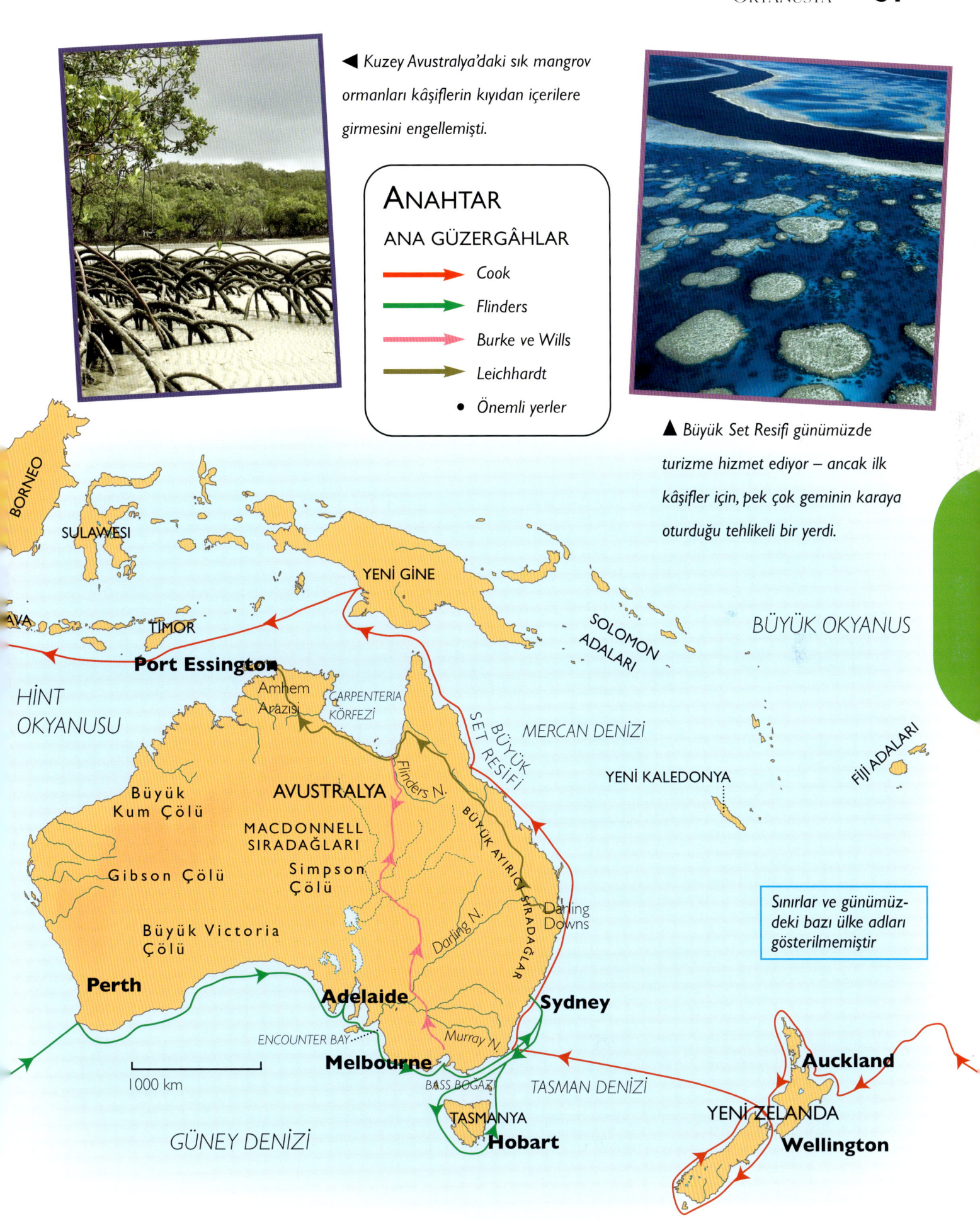

# OKYANUSYA

◄ *Kuzey Avustralya'daki sık mangrov ormanları kâşiflerin kıyıdan içerilere girmesini engellemişti.*

### ANAHTAR
#### ANA GÜZERGÂHLAR
- → Cook
- → Flinders
- → Burke ve Wills
- → Leichhardt
- • Önemli yerler

▲ *Büyük Set Resifi günümüzde turizme hizmet ediyor – ancak ilk kâşifler için, pek çok geminin karaya oturduğu tehlikeli bir yerdi.*

BORNEO · SULAWESI · JAVA · TIMOR · Port Essington · YENİ GİNE · SOLOMON ADALARI · BÜYÜK OKYANUS · HİNT OKYANUSU · Arnhem Arazisi · CARPENTERIA KÖRFEZİ · MERCAN DENİZİ · YENİ KALEDONYA · FİJİ ADALARI · AVUSTRALYA · Büyük Kum Çölü · MACDONNELL SIRADAĞLARI · Flinders N. · BÜYÜK SET RESİFİ · Gibson Çölü · Simpson Çölü · BÜYÜK AYIRICI SIRADAĞLAR · Büyük Victoria Çölü · Darling N. · Darling Downs · Perth · Adelaide · Sydney · ENCOUNTER BAY · Murray N. · Melbourne · BASS BOĞAZI · TASMAN DENİZİ · Auckland · TASMANYA · Hobart · YENİ ZELANDA · Wellington · GÜNEY DENİZİ

1000 km

Sınırlar ve günümüzdeki bazı ülke adları gösterilmemiştir

# JAMES COOK

Endeavour gemisi 26 Ağustos 1768'de James Cook ile yola koyuldu. Görevi Güneş'in önünden geçen Venüs'ü gözleyip kaydetmekti. Bu ender gözlem için en iyi yer Büyük Okyanus'taki Tahiti adasıydı.

Cook gideceği yere sekiz ayda ulaştı. Gizli emirler içeren bir paketi açmadan önce Venüs'ü gözlemledi. Aldığı emir "Büyük Güney Kıtası"nı bulması yönündeydi.

Endeavour soğuktan mürettebatın elleri donatılara yapışana dek güneye indi. Cook doğuya döndü. 6 Ekim 1979'da Cook bugün Yeni Zelanda dediğimiz adaları gördü. Eve dönmek yerine, altı ayını bu kıyıların haritasını çıkarmakla geçirdi. Üç hafta sonra bir kez daha kara göründü. Cook Avustralya'yı keşfetmişti.

▲ Cook yerel halkların güvenini kazanmak için çok çaba harcamış; Yeni Zelandalı Maorilerle hayat boyu süren bir dostluk kurmuştu.

▼ Büyük Okyanus'taki ikinci seferinde Cook, Paskalya Adaları'ndaki moai denen dev heykellere hayran kalmıştı.

### TEHLİKELİ GÜNLER

Cook, Avustralya'nın kuzey kıyısı boyunca seyrederken, Endeavour Büyük Set Resifi'nde karaya oturdu. Batmamıştı, ancak çok kötü su alıyordu. Cook aklını çalıştırarak geminin kıçını bir yelkenle kaplamıştı. Mürettebat gemiyi onarabilecekleri bir sığlığa çekti. Cook kısa süre sonra resif boyunca günümüzdeki Endonezya'ya doğru yelken açmıştı. Ancak oraya vardıklarında mürettebatın tamamı sıtma ve dizanteriyle perişan olmuştu.

# JAMES COOK 53

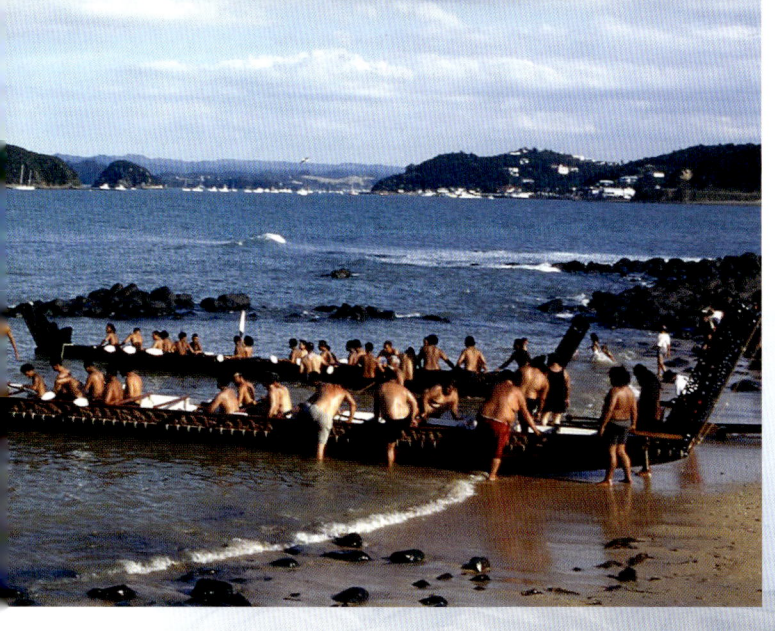

## YAKINDAN BAKIŞ

Avustralya'nın batı kıyısında yaşayan Gogo-Yimidir yerlileri Cook'a "zıplayan yabani köpekler"den bahsetmişlerdi. Cook'un mürettebatı bu hayvana kanguru adını verdi.

▶ Cook botanikçi Joseph Banks'in de yer aldığı bir bilim adamları takımıyla yola çıkmıştı. Endeavour Avustralya açıklarında ilk demir attığında Banks'in kıyıda keşfettiği bitki türleri buraya ad vermişti: Botany Körfezi.

Adı: James Cook
Doğumu: 27 Ekim 1728, Marston, İngiltere
Ölümü: 14 Şubat 1779, Hawaii
Kayda değer başarıları: Cook birbirinden müthiş üç seferinde, Yeryüzü'ne dair hiçbir kâşifin keşfetmediği kadar çok şey keşfetmişti. İlkinde (1768-71) Avustralya'yı keşfetmiş ve Yeni Zelanda'nın 3860 km'lik kıyılarının haritasını çıkartmıştı. Haritaları öyle mükemmeldi ki, 120 yıl boyunca gezginlere yol göstermişlerdi. İkincisinde (1772-75) Paskalya Adası'ndan hiç göremeyeceği Antarktika'nın açıklarına dek Büyük Okyanus'u keşfetmişti. Üçüncüsünde (1776-79) Kanada ve Alaska arasında Kuzeydoğu Geçidi'ni bulmak için yelken açmıştı. Bu keşif seferi, çalınan bir sandal yüzünden Hawaii'lilerle çıkan bir kavgada öldürülmesiyle feci biçimde son bulacaktı.

# MATTHEW FLINDERS

**D**ANIEL DEFOE'NUN ROBINSON CRUSOE'SUNU OKUDUKTAN SONRA, HEP DENİZCİ OLMA DÜŞLERİ KURAN FLINDERS, HENÜZ 15 YAŞINDAYKEN, 1789'DA İNGİLİZ DONANMASINA KATILMIŞTI.

Flinders Avustralya yolunda geminin cerrahı George Bass ile tanışmıştı. 1796'da iki adam Tom Thumb denen topu topu 2,5 metrelik bir sandalla Sydney'in güneyindeki kıyıları keşfe çıktı! İki yol sonra ise Tasmanya'nın çevresini denizden dolaşmışlardı.

1801'de Flinders'tan Avustralya kıyılarının haritasını çıkartması istendi. Bu tehlikelerle dolu bir keşif seferiydi. Mürettebatı saldırıya uğradı ve içme suyu arayan sekiz adamı boğuldu. Pek çoğu da dizanteriyle yatağa düştü. Ülkeye dönüş yolculuğu da kolay değildi —Flinders'ın ilk gemisi kaza geçirip battı. İngiltere'ye gitmeden önce çağrıldığı Mauritius'ta casus olduğu iddiasıyla altı yıl zindanda kaldı. Sonunda 1810'da ülkesine vardı.

▼ *Tasmanya kıyıları. Flinders etrafında dolanarak buranın bir ada olduğunu kanıtlamıştı.*

## YAKINDAN BAKIŞ

Flinders eşi Ann ile, Avustralya'ya yola çıkmadan sadece üç ay önce evlenmişti. Onu tekrar görmesi için aradan dokuz koca yıl geçmesi gerekecekti!

# MATTHEW FLINDERS

**Adı:** Matthew Flinders
**Doğumu:** Donnington, Lincolnshire, İngiltere, 1774
**Ölümü:** Londra, İngiltere, 1814
**Kayda değer başarıları:**
Matthew Flinders Avustralya'nın çevresini denizden dolanan ilk kişiydi. Yeni kıta için önerdiği "Avustralya" adı da 1824'te kabul edildi. Flinders ile George Bass Tasmanya'nın çevresini denizden dolanan ilk Avrupalılardı. 1801'de Flinders'tan Avustralya kıyılarını keşfe çıkması istendi. Çıkarttığı haritalar o denli iyiydi ki, ölümünden yıllar sonra bile kullanılıyorlardı.

> Tasmanya, oraya daha önce ulaşan bir Flaman kâşifin adıyla, Van Diemen Arazisi olarak anılırdı.

> Avustralya'nın etrafını denizden dolanmak Flinders'ın tam iki yılını almıştı. Ne müthiş değil mi?

## SU ALAN BİR GEMİ

Flinders Aralık 1801'de, Avustralya'nın güneybatı ucundaki Cape Leeuwin'den Investigator gemisiyle denize açılmıştı. Güney kıyısının haritasını çıkarttıktan sonra doğuya yönelmişti. Devam etmeye can atsa da, gemisi onu yarı yolda bırakmıştı. Durmaksızın su alıyordu. Mart 1803'te Flinders kuzey kıyısının Anhem Körfezi'ne dek olan kesiminin haritasını da tamamlamıştı. Gemisi öyle kötü su alıyordu ki, kıyıyı ayrıntılı biçimde haritalamaktan vaz geçmek zorunda kaldı.

# LUDWIG LEICHHARDT

PRUSYALI KÂŞİF LUDWIG LEICHHARDT 1848'DE KONAKLADIĞI KOYUNCULUK İSTASYONUNDAN, AVUSTRALYA ÇAYIRLARINA DOĞRU YOLA ÇIKTI. İZLEYEN 90 YIL BOYUNCA ONU BULMAK İÇİN DOKUZ KEZ KEŞFE ÇIKILDI. CESEDİ HİÇ BULUNAMADI.

Leichhardt günümüzde Almanya olan ülkede doğmuş, 1842'de kayaları ve yaban hayatını incelemek üzere Avustralya'ya gitmişti. 1844'teyse Kuzeydoğu Avustralya'yı keşfetmek için bir sefer düzenledi. Aralık 1845'te, 5000 km yol kat ettikten sonra Northern Territory'deki (Kuzey Toprakları'ndaki) Port Essington'a vardı.

▼ Avustralya'ya ilk giden kolonici, Avustralya'nın içlerinde Kuzey Amerika'nın Büyük Düzlükleri gibi tarıma uygun araziler bulmayı ummuşlardı. Ne var ki İç Avustralya'nın büyük bölümü bozkır ya da "yok-yok" olarak da bilinen uçsuz bucaksız bir çöldür.

Aralık 1846'da başlayan ikinci keşif seferinde ise Leichhardt Avustralya'yı doğudan batıya geçmeyi planlıyordu. Ne var ki yedi ayda ancak 800 km yol alabildi. Kuraklık, sıtma ve kıt yiyecek onu geri dönmek zorunda bıraktı.

Mart 1848'de Leichhardt yeniden yola çıkarak, altı kişilik grubuyla Avustralya'nın Great Dividing Range'i (Büyük Ayırıcı Sıradağlar'ını) aşmıştı. Bir koyunculuk istasyonunda konaklamışlardı, ancak yola devam için oradan ayrıldıklarında kayboldular. Günümüze dek kimse Leichhardt'a da, adamlarına da ne olduğunu öğrenemedi.

> Leichhardt yanında az yiyecek taşırdı. Geçtiği toprakların verecekleriyle yetinmeye kararlıydı.

> Leichhardt bozkırda kertenkele, emu, kanguru ve uçan tilki avlama şansına sahipti.

> Ne yazık ki Leichhardt yolunu kolayca kaybedebilen, kendi halinde bir köylüydü.

## HAYATTA KALMA BECERİLERİ

Leichhardt'ın grubundan bir adam bir keresinde un torbasını yere düşürmüştü. Toz toprak içindeki kuru yapraklara bulaşmış unla bir lapa pişirmişlerdi. Ne leziz!

# LUDWIG LEICHHARDT

## LEICHHARDT NEDEN ÖLDÜ?

Belki açlık ve susuzluk, belki ani bir sel baskının, belki de çöl sıcağı Leichhardt'ın ölümüne yol açmıştı. Hiç kimse kesin sebebi bilemeyecek. Arama ekipleri at kemikleri, bir savaş baltası, ve ağaca kazınmış bir L harfi bulduysa da işe yarar bir kanıt bulamadı. 50 yıl sonra Büyük Kum Çölü'nde onu arayanlara Yerliler bir çadır kazığı, tenekeden bir kibrit kutusu ve bir eğerin parçalarını göstermişlerdi. Bunlar Leichhardt'ın mıydı? Kimse bundan emin değil.

**Adı:** Friedrih Wilhelm Ludwig Leichhardt
**Doğumu:** 23 Ekim 1813, Tretbach, Prusya (bugünkü Almanya)
**Ölümü:** Tahminen 1848, Avustralya bozkırları
**Kayda değer başarıları:** Leichhardt ilk seferinde Avustralya'nın içlerinin büyük bölümünü keşfetmişti. Bu keşif sayesinde günümüzün Queensland ve Northern Territory eyaletlerine yeni bir kolonici dalgası gelmişti. Leichhardt Kuzeydoğu Avustralya'yı ilk aşan kâşif olmasına rağmen, kıtayı doğudan batıya aşma girişimi başarısız olmuştu.

# BURKE VE WILLS

GÜNEY AVUSTRALYA PARLAMENTOSU 1859'DA AVUSTRALYA'YI KUZEYDEN GÜNEYE İLK GEÇEN EKİBE ÖDÜL VERİLECEĞİNİ AÇIKLAMIŞTI. ROBERT BURKE BUNUN ÜZERİNE HEMEN BİR KEŞİF SEFERİ DÜZENLEDİ.

Kasım ortalarında Burke ve William Wills, Avustralya'nın neredeyse ortasında yer alan Cooper's Creek'te kamp kurmuşlardı. Burke ve Wills, yanlarındaki iki kişiyle kısa sürede kuzey kıyısına varmaya kararlılardı. Geride de üç ay boyunca onları bekleyecek bir destek takımı bırakmışlardı. Taşlık Çöl'ün eteklerini develerle altı haftada dolandıktan sonra, kuzeyin bataklıklarıyla ormanlarına ulaşmışlardı. Bir nehre gelip suyunun tuzlu olduğunu gördüklerinde denize yakın olduklarını anlamışlardı.

Ancak bir tekne olmaksızın denize doğru ilerlemeleri olanaksızdı. Onlar da gerisin geri dönüp güneye gittiler.

---

Adı: Robert O'Hara Burke (altta, solda)
Doğumu: 1821, St. Clerah's, Co. Galway, İrlanda
Ölümü: Haziran 1861, Avustralya

Adı: William John Wills (altta, sağda)
Doğumu: 1834, Totnes, Devon, İngiltere
Ölümü: 1861, Avustralya

Kayda değer başarıları: Burke ve Wills Avustralya'yı kuzeyden güneye geçen ilk kâşiflerdi. Aslında kuzeyde denize varmamışlardı, ama kıyıya yakın bir ağaca bir işaret kazımışlardı. Ne var ki iki adam da açlıktan ve sıcaktan, yalnız başlarına can vermişlerdi. Burke kâşif olarak tecrübesizdi ve bulunduğu araziden yiyecek sağlamayı bilmiyordu. Wills daha becerikliydi, grubu Cooper's Creek'e dek o götürmüş, ancak Burke'ün liderliğini konu bile etmemişti.

---

**HAYATTA KALMA BECERİLERİ**

İskorbütten korunmak için Burke ve Wills yanlarına bol bol limon suyu almışlardı. İskorbüte C vitamini eksikliği yol açar. Diş etlerini mahveden bu hastalık bacakları da zayıf düşürür.

## ŞEREF İÇİN YARIŞMAK

Burke ve Wills kuzeye doğru yola çıkmakta acele ederek, bir hata yapmışlardı. Hava sıcak ve kuruydu ve yaz bitene dek beklemeleri onlar için çok daha iyi olacaktı. Ancak Burke sabırsızlanıyordu. Kulağına, başında John MacDouall Stuart'ın bulunduğu rakip bir keşif seferiyle ilgili bilgiler çalınmıştı ve Stuart'ın kıyıya daha önce varacağından endişe ediyordu. Burke ayrıca kendisini, ona "Kraliçe Victoria'nın şerefi senin ellerinde" diyen sponsorlarının baskısı altında hissediyordu.

▲ Burke, Kuzey Avustralya'ya gitmek için altı deve almıştı. Malzemeleri tükendiğinde hayvanları kesip yemişlerdi.

▼ Avustralya'nın iç kesiminde ne olduğunu kimseler bilmiyordu. Kimilerine göre orada büyük bir iç deniz olabilirdi. Sonuçta Burke ve Wills çölle karşılaştılar. Aslında Yerliler en iyi kuyuları göstermişlerdi ve yolculuk da zorlu geçmemişti.

Keşif seferinin malzemeleri arasında 80 çift çorap, 20 döşek, 30 şapka ve 57 kova vardı.

Ayrıca tekerlekleri çıkartıldığında, sal olarak da kullanabilen at arabaları da vardı.

# OKYANUSYA

Dört adam –yani Burke, Wills, John King ve Charlie Gray– Cooper's Creek'e dönüş yoluna koyulduklarında ellerindeki malzeme ihtiyaçlarının ancak yarısını karşılayabilecek kadardı. Fırtınalar onları perişan etti ve zemini çamurla kapladı. Burke, Gray'i yiyecek çalarken yakaladı ve bir kavga koptu. Yorgunluktan bitkin düşmüş adamların Cooper's Creek'e daha 500 km'leri vardı. Taşlık Çöl'ü geçerken Gray öldü. Kalanlar Cooper's Creek'e ulaştıklarında kamp yeri bomboştu.

Burke 240 km uzaklıktaki bir sığırcılık istasyonuna gitmeleri gerektiğine karar verdi. Zihinleri hummadan bulanmış halde kurak çölde daireler çizerek yürümeye koyuldular. Burke onlardan birini tüfeğiyle vurana dek, Yerliler onlara yardım etti. Wills yürüyemeyecek denli bitkin düştüğünde, yardım getirme sözü vererek onu bıraktılar. Kısa süre sonra da Burke öldü.

**HAYATTA KALMA BECERİLERİ**

Cooper's Creek'e dönüş yolunda Burke ve Wills, Burke'ün atı Billy'yi vurarak yemişlerdi. "Sağlıklı ve körpe et" onlara yola devam edecek güç vermişti.

▼ *Yerliler Eylül 1861'de bir arama kurtarma ekibi gelip bulana dek King'i hayatta tutmuşlardı.*

## ÖLÜMCÜL HATA

Üç keşifzede Cooper's Creek'e vardıklarında ağaca kazılmış bir mesaj bulmuşlardı: I M KAZ. ŞMD 21 NİS 1861. Burke orayı kazdığında gömülü malzemeyi –ve adamlarının daha o sabah gittiğini gösteren bir mektubu– buldu! Burke'ün grubu, birinin dönüp bulması umuduyla, planladıkları yolculuk güzergâhını ayrıntılarıyla yazarak gömdü. Ne var ki ağaçtaki mesaja dokunmadılar. Destek ekibi tekrar kontrol etmek için Cooper's Creek'e geri döndü –ancak yeni bir mektup bulmak için orayı kazmalarını gerektiren bir neden yoktu...

▲ Başlangıçta Burke ile diğerleri vurdukları hayvanlar ve nardu bitkisinden yaptıkları unla beslenmeye çalıştılar. Aslında nardu yemek vücuttaki B vitaminini azaltır, bu da kişiyi hastalıklara karşı dirençsiz kılar. Burke doğada hayatta kalma yöntemlerini daha iyi bilse, adamlarıyla birlikte Cooper's Creek'teki balıkları yiyerek hayatta kalabilirlerdi.

Üç keşifzede Cooper's Creek'e ulaştıklarında Wills'in bacakları tutmaz haldeydi.

Burke ve Wills milli kahraman ilan edildiler, cenazeleri devlet töreniyle kaldırıldı.

Rakipleri John McDouall Stuart ise 1862'de kuzey kıyısına ulaşarak ödülü istemişti.

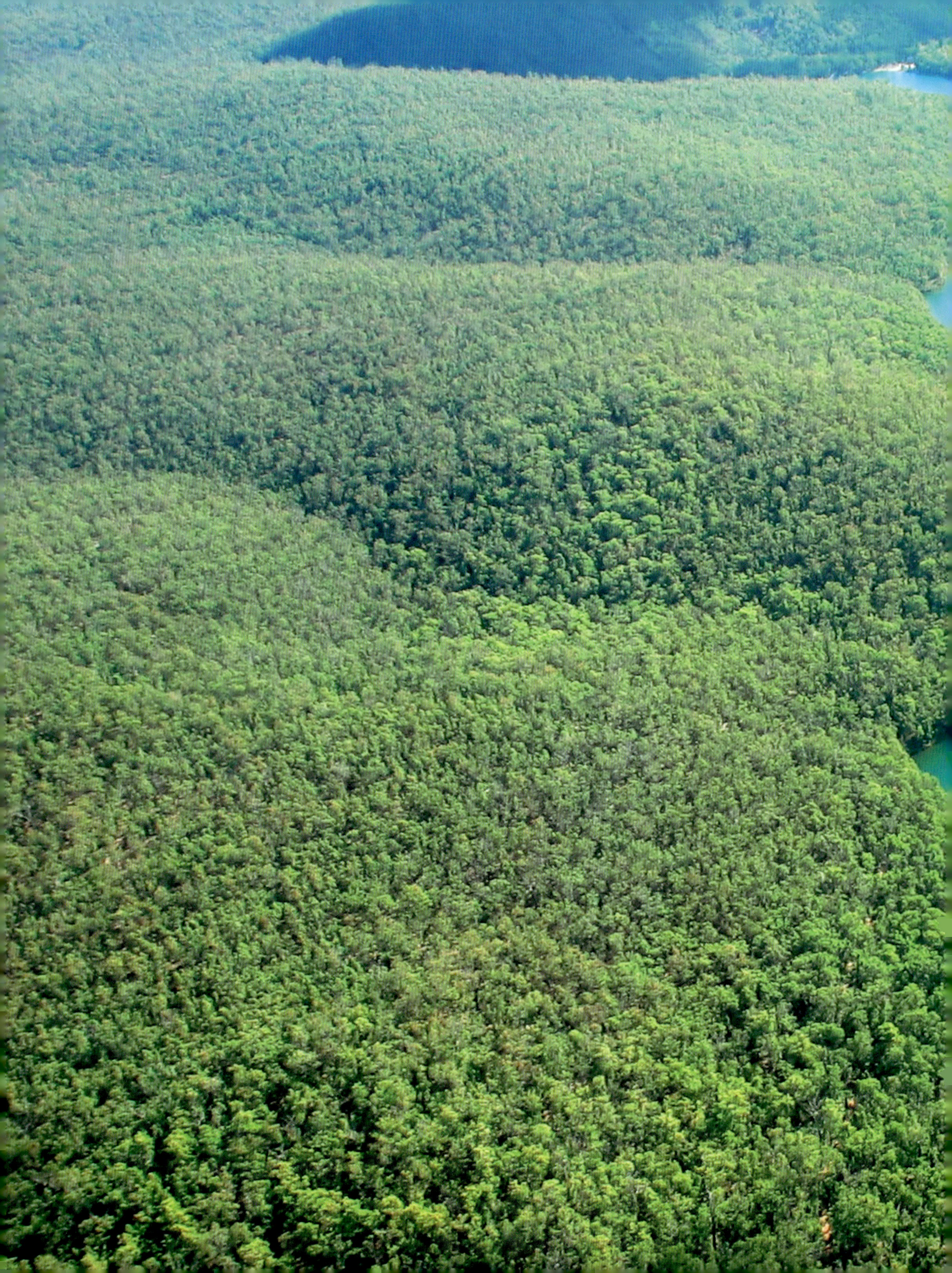

# AMERİKA
ırmaklar • orman • ovalar

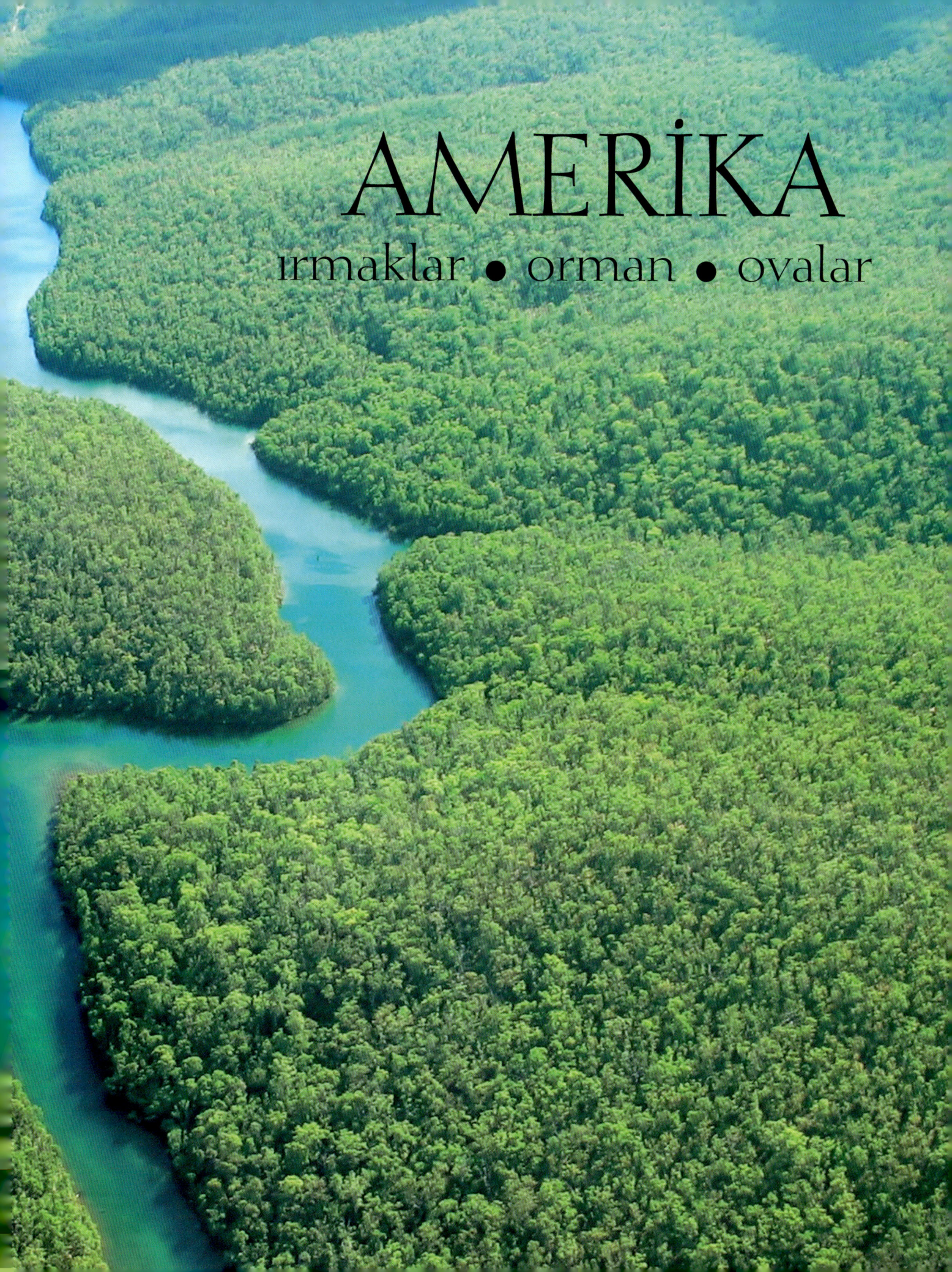

AVRUPALI DENİZCİLER YENİ DÜNYA'YA ULAŞMAK İÇİN ATLAS OKYANUSU'NDA **FIRTINALAR** VE **BUZDAĞLARI** İLE BOĞUŞMUŞLARDI. KITADA İSE KAŞİFLERİ **ÇÖLLER**, **DAĞLAR** VE **BATAKLIKLAR** BEKLİYORDU.

# KUZEY AMERİKA'YA GENEL BAKIŞ

KOLOMB'UN "KEŞFİ" İLE BAŞLAYAN KEŞİFLER ZİNCİRİNDEN ÖNCE, 20.000 YILDIR AMERİKA'DA İNSANLAR YAŞIYORDU.

Altına aç İspanyollarla Fransız kâşifleri pek az hazine bulmuşlardıysa da, güneybatıya ve Kanada'ya uzanan yolları açmışlardı. Avrupalı koloniciler Doğu Kıyısı'na yerleşmişlerdi. Ancak 1805'te ilk keşif kolu Rocky Dağları'nı aşarak Büyük Okyanus'a ulaşmıştı. Keşif kolunun açtığı bu yoldan katar katar at arabalarıyla Avrupalı koloniciler gelmişti.

## YAKINDAN BAKIŞ

Yerli gruplarının çoğu Avrupalıları istilacı olarak görmüş, diğerleriyse onlara kucak açmıştı. Bir keşif kolu için iyi bir tercüman, hayatla ölüm arasındaki çizgiyi belirlerdi.

### NEDEN ORAYA GİTMİŞLERDİ?

- **TİCARET:** İlk kâşifler Doğu Asya'ya ulaşan deniz yolunu arıyorlardı. Sonraları dağlılar kıtanın içerine giderek kürk hayvanı avlamaya başladılar.

- **ALTIN:** İspanyol ve Fransız kâşifler hikâyeleri dilden dile gezen, servet içinde yüzen şehirlerin peşindeydiler. Ancak böyle bir tek şehir bile yoktu.

- **ARAZİ:** 17. yüzyıldan sonra gelen koloniciler yerli halkları batıya doğru sürmüşlerdi.

- **DİN:** İlk kolonicilerin çoğu, ibadetlerini serbestçe yapabilecekleri bu yerde yeni bir hayat kurmak üzere yola çıkan Hıristiyanlardı.

# KUZEY AMERİKA

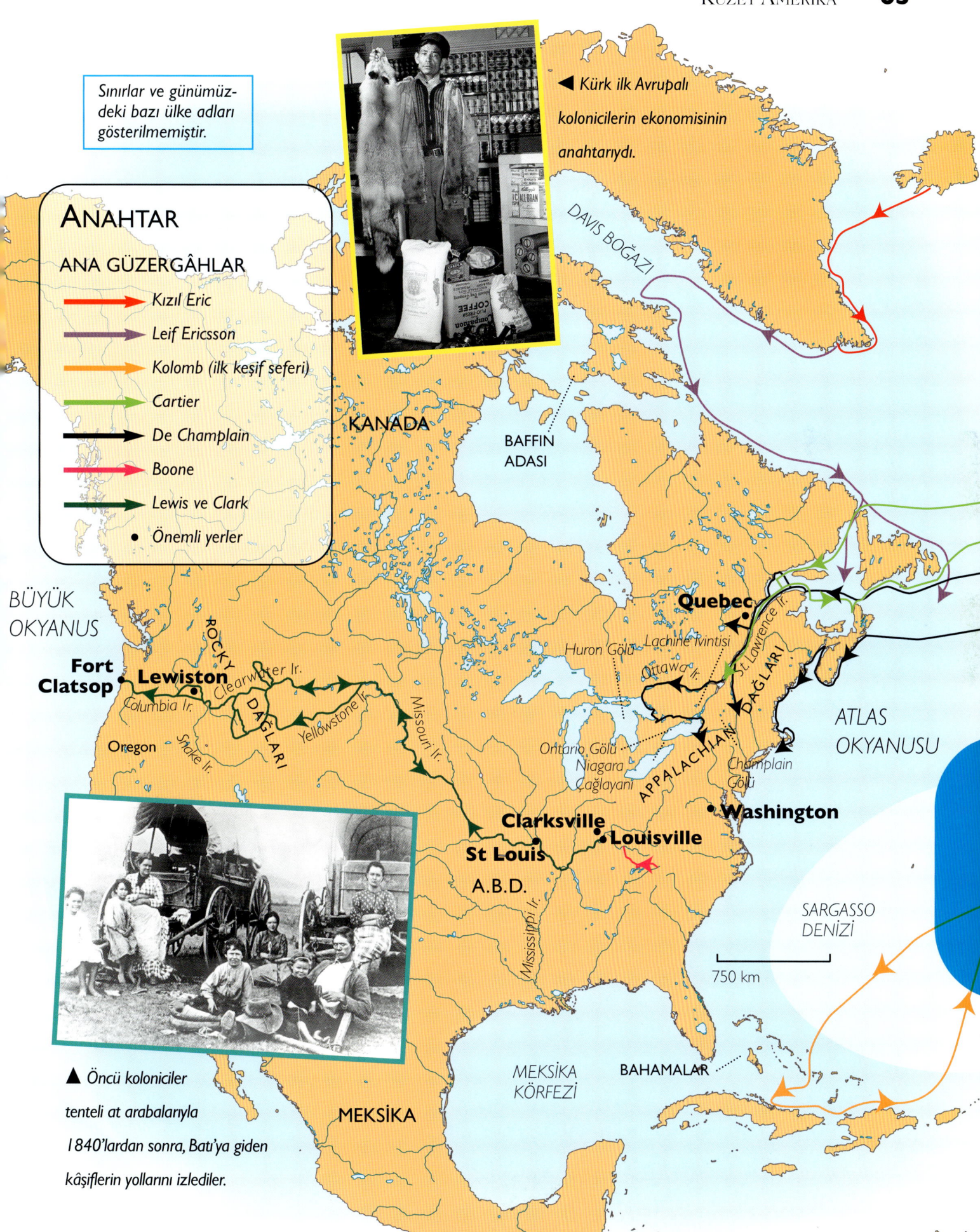

Sınırlar ve günümüzdeki bazı ülke adları gösterilmemiştir.

## ANAHTAR

### ANA GÜZERGÂHLAR

- → Kızıl Eric
- → Leif Ericsson
- → Kolomb (ilk keşif seferi)
- → Cartier
- → De Champlain
- → Boone
- → Lewis ve Clark
- • Önemli yerler

◀ Kürk ilk Avrupalı kolonicilerin ekonomisinin anahtarıydı.

▲ Öncü koloniciler tenteli at arabalarıyla 1840'lardan sonra, Batı'ya giden kâşiflerin yollarını izlediler.

**DAVİS BOĞAZI**

**KANADA**

BAFFIN ADASI

**BÜYÜK OKYANUS**

ROCKY DAĞLARI

Fort Clatsop • Lewiston
Columbia Ir. / Clearwater Ir.
Oregon
Snake Ir. / Yellowstone Ir.
Missouri Ir.

Quebec •
Huron Gölü / Lachine İvintisi
Ottawa Ir. / St. Lawrence Ir.
Ontario Gölü
Niagara Çağlayanı
APPALACHIAN DAĞLARI
Champlain Gölü

**ATLAS OKYANUSU**

• Washington

Clarksville • Louisville
St Louis •
Mississippi Ir.

**A.B.D.**

SARGASSO DENİZİ

750 km

MEKSİKA KÖRFEZİ
BAHAMALAR

**MEKSİKA**

# "ŞANSLI" LEIF ERICSSON

**VİKİNGLER KAVGA DÖVÜŞE DÜŞKÜN BİR HALKTI. 980'DE BAŞBELASI KIZIL ERIC'İN İZLANDA'DA OTURMASI ÜÇ YIL SÜREYLE YASAKLANDI. O DA BATIYA DOĞRU YELKEN AÇARAK BUGÜN GRÖNLAND DEDİĞİMİZ YERE ULAŞTI**

Altı yıl sonra İzlanda'ya döndüğünde, aralarında oğlu Leif Ericsson'un da bulunduğu bir grubu aynı yoldan gitmeye ikna etti. 1000'den sonraki yıllarda Leif Grönland'daki Davis Boğazı'nı geçerek güneye indi. İlk olarak, günümüzde Kanada'daki Baffin Adası olarak bilinen kayalık ve yabanıl yere ulaştı. Ardından da şimdi Newfoundland dediğimiz adaya giderek, Amerika'ya ayak basan ilk Avrupalı oldu. Adamlarıyla birlikte kışı orada geçirdi. Sonra kıyı boyunca daha da güneye yelken açtı, yabani asmalarla dolu bir yere ulaştıklarında buraya "bağıstan" anlamındaki Vinland adını verdi. Baharda ülkelerine döndüler.

▼ Viking öncüleri İzlanda'nın kuzey bölgelerini keşfettikten sonra, buranın avcılıkta usta yerli halkı İnuitlerle ticaret yapmışlardı.

## "GÖZÜKARA" AZİZ BRENDAN

İrlandalı keşiş Brendan Hıristiyan inancını yaymak üzere MS 6. yüzyılda hayvan postundan yapılan, currah denen küçük bir tekneyle İrlanda'dan denize açılmıştı. Batıya doğru seyretmişti ve yedi yıl süren yolculuğunda belki Kuzey Amerika'ya dek gitmişti. Aziz Brendan döndükten sonra serüvenlerini kaleme almış, Atlas Okyanusu'nun kuzeyindeki "yüzen buzdan saraylar", yani buzdağları ile İzlanda ya da Kanarya Adaları'ndaki volkanlar olabilecek "denizin ortasındaki ateş kusan dağlar"ı betimlemişti.

◄ Aziz Brendan'ın nereye ya da ne kadar uzaklara gittiğini kimseler bilmez. Ancak o dönemlerde cesur keşişlerin Atlas Okyanusu'nda tehlikeli yolculuklara çıktıkları bilinir.

# LEIF ERICSSON   67

▲ Vikingler uzun tekneler, yani sert denizlere dayanıklı ahşap gemiler kullanırdı. Kürek çeken mürettebat, içinde kendi eşyalarının durduğu sandıkların üzerinde otururdu. Savaşçılar kalkanlarını geminin bordasına asarlardı.

## HAYATTA KALMA BECERİLERİ

Vikingler seyir sırasında yol ve hız tayini için kuşları ve rüzgârın yönünü izlerdi. Ahşaba monte edilip yüzdürüldüğünde tıpkı pusula gibi kuzeyi gösteren manyetik taşlar da kullanırlardı.

---

**Adı:** Leif Ericsson
**Doğumu:** 971, İzlanda
**Ölümü:** 1015, İzlanda
**Kayda değer başarıları:** Leif Ericsson Amerika'ya ulaşan ilk Avrupalı olarak bilinir. Çocukluğunda Newfoundland kıyılarını gören Bjarni Herjulfsson'a dair öyküler dinlemişti. Yani Leif'in Amerika'yı keşfi tesadüfi değildi. Grönland'dan yelken açarak Baffin Adası'nı ve Labrador kıyılarını geçmişti. Newfoundland'de adamları gemiyi keresteyle doldurmuşlardı. İzlanda'ya döndükten sonra bunları satarak iyi para kazandığı için "şanslı" diye anılır olmuştu. Vinland'a hiç dönmemişti; bu belki başka keşif seferlerinin başarısızlığa uğraması, belki de kardeşi Thorvald'in orada yerliler tarafından öldürülmesi yüzündendi.

# KRİSTOF KOLOMB

İTALYAN DENİZCİSİ KRİSTOF KOLOMB 1493'TE İSPANYOLLARIN TEZAHÜRATI ARASINDA, BARSELONA CADDELERİNİ ARŞINLIYORDU. ÇÜNKÜ ONUN ASYA'YA GİDEN YENİ BİR YOL BULDUĞUNA, BUNUN DA ÜLKEYİ ZENGİNLEŞTİRECEĞİNE İNANMIŞLARDI.

Ancak Kolomb'un yaptığı bu değildi. O Amerika'ya toslamıştı. Kolomb Atlas Okyanusu'nda batıya gidilerek Çin'e gidilebileceğine inanan pek çok denizciden sadece biriydi.

Kral Ferdinand ve Kraliçe Isabella'nın desteğiyle Kolomb 1492'de 90 kişilik mürettebatı ve üç gemisiyle —Niña, Pinta ve Santa Maria— denize açılmıştı. İki ay sonra Kolomb karayı gördü. Burası Karayipler'de, yerli Aravakların onu karşılamak için kıyıya doluştuğu bir adaydı. Kolomb Asya'ya vardığında emin olduğu için onlara "Hintli" demişti. Amerika yerlileri Batı dillerinde hâlâ böyle anılır.

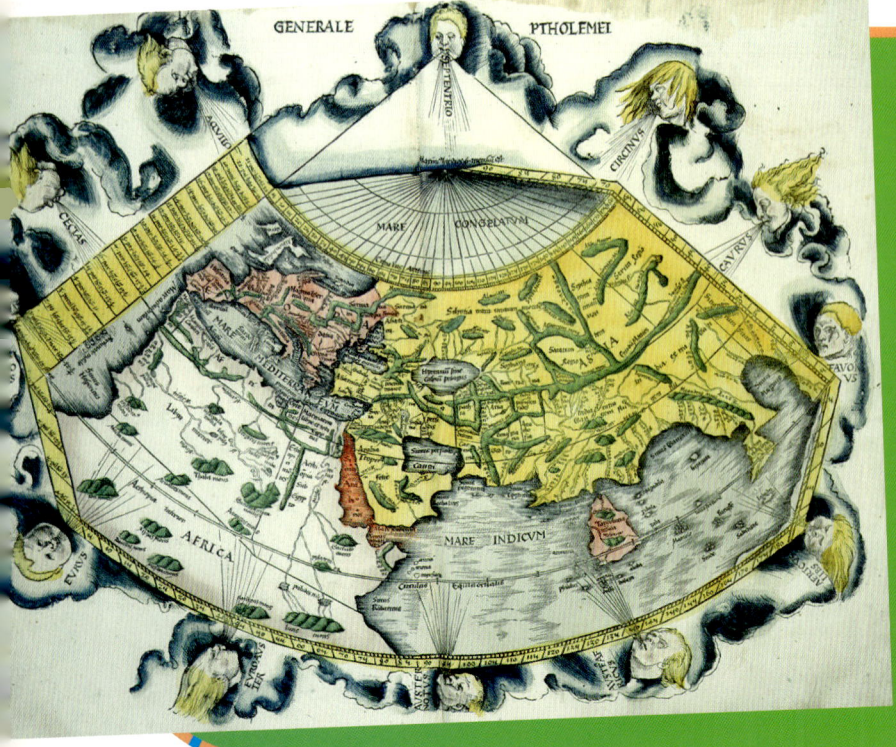

### YAKINDAN BAKIŞ

Kolomb geminin aldığı yolu, suda yüzen bir ahşap levha yardımıyla ölçerdi. Bu yöntem sayesinde 33 günde 5000 km kat ettiğini biliyordu.

### UZAK DİYARLAR

Çağdaşları gibi Kolomb da Eski Yunanlı coğrafyacı Batlamyus'un (Ptolemaios) haritalarını kullanırdı. Bunlarda Asya, Avrupa'ya, olduğundan çok daha yakın görünür. Kolomb, Atlas Okyanusu'nun gerçek boyutlarını bilseydi, belki de bu yolculuğa hiç çıkmazdı.

◀ Ptolemaios (MS 127-145) Yerküre'yi olduğundan daha küçük tahmin etmişti. Haritaları da bu yüzden artık oransız görünür.

# KRİSTOF KOLOMB

**Adı:** Kristof Kolomb
**Doğumu:** 1451, Cenova, İtalya
**Ölümü:** 20 Mayıs 1506, Valladolid, İspanya

**Kayda değer başarıları:** 1492'de Kristof Kolomb (Cristoforo Colombo) İspanya'dan yelken açarak Atlas Okyanusu'nu geçmiş ve Bahamalar'da bir adada karaya çıkmıştı. Bu yolculuk Amerika kıtasında 300 yıl sürecek keşif sürecinin başını çekti. Avrupa'ya dönerek haberi yaydıktan sonra Kolomb, Eylül 1493'te tekrar yelken açtı. Bu kez 17 gemisi ve 1200 adamı vardı. Yeni Dünya'daki ilk Avrupa kenti olan La Isabela'yı günümüzün Dominik Cumhuriyeti'nde kurdu. 1498-1500'deki üçüncü seferinde Kolomb bugünkü Venezüela'nın kıyılarına çıkarak, Güney Amerika'ya ayak basan ilk Avrupalı oldu. 1502-1504'teki dördüncü keşif seferindeyse Orta Amerika'da şimdiki Jamaika, Honduras ve Nikaragua kıyılarını keşfederken, hâlâ Doğu Asya'ya giden o ulaşılmaz yolu arıyordu.

- Gençlik yıllarında Kolomb'un gemisi Portekiz açıklarında saldırıya uğramış ve batmıştı.
- Lizbon'da bir iş bulmuş, bir birkaç yıl sonra İzlanda ve Batı Afrika gibi uzak sulara gitmişti.
- Marko Polo'yu okuduktan sonra Asya'ya giden yeni bir deniz yolu bulmaya karar vermişti.

▶ Kolomb, Bahamalar'da ayak bastığı adaya, Hz. İsa'dan ilhamla, San Salvador (kurtarıcı) adını vermişti, ancak yerliler için burası Guanahani idi.

## KUZEY AMERİKA

Üç ay boyunda Kolomb'un adamları ticaret yapabilmek ve altın bulmak için Karayipler'i karış karış gezmişti. Sonunda da (bugün Haiti ve Dominik Cumhuriyeti arasında bölünmüş olan) Hispaniola Adası'nda aradıklarını buldular. 1492 Noeli'nde *Santa Maria* bu adanın açıklarında battı. Kolomb 39 kişilik mürettebatını daha çok altın bulmaları için orada bırakarak *Niña* ve *Pinta* ile alelacele Avrupa'ya döndü. Sonunda İspanya'ya ulaştığında kahramanlar gibi karşılandı ve "Okyanuslar Amirali" unvanıyla ödüllendirildi.

▼ *Kolomb ilk keşif seferinden dönerken, bir sonrakine destek alabilmek için Kral Ferdinand ve Kraliçe Isabella'ya altın, papağanlar, baharatlar ve köleler getirmişti*

Kolomb, Asya'ya giden yeni bir yol bulduğundan emindi. Bunu kanıtlamak için Amerika'ya üç sefer daha düzenledi. Yanılmıştı, ancak hataları tarihi köklü biçimde değiştirecekti.

- Kolomb'un keşif seferine destek vermesi için Kraliçe Isabella'yı ikna etmesi sekiz yılını aldı.
- Arkasında bir hükümdar yoksa, o keşif seferinde bulunan yerler üzerinde hak iddia edilemezdi.
- Kolomb keşfinden sonra, ona vaat edilen unvanlar ile para için yalvarmak zorunda kalmıştı.

### YAKINDAN BAKIŞ

Karayipler'de rastladığı Taino halkının dostça tutumu Kolomb için büyük şanstı. Santa Maria karaya oturduğunda yerel reislerden Guakanagari yardım için kanolar yollamıştı.

▶ *Santa Maria'nın 40 mürettebatı ve taş gülleler atan topları vardı. Karaya oturduktan sonra keresteleri bir hisar yapmak için kullanılmıştı.*

▲ Karayipliler Avrupalı kâşifleri iyi karşılamıştı. Ancak yeni gelenlerin taşıdığı hastalıklar yüzünden 15 yıl içinde 260.000 kişi ölecekti.

## KOLOMB AMERİKA'DA

Kolomb 1494'te Hispaniola adasına döndüğünde, giderken bıraktığı mürettebatını katledilmiş olarak buldu. Adada yaşayan Kariblerin reisi Kaonabo, İspanyol kolonicileri kız kaçırırken ve altın çalarken suçüstü yakalamıştı. Ocak 1494'te Kolomb yeni kolonisi La Isabela'yı Dominika Adası'nda kurdu. Buradaki koloniciler de yerlileri soymaya giriştikleri gibi, Kolomb'un koloniyi yönetme biçimini eleştiriyorlardı. 1500'de kraliçeye hesap vermesi için prangaya vurularak İspanya'ya geri gönderildi.

# JACQUES CARTIER

**F**RANSIZ KÂŞİF JACQUES CARTIER, "ALTIN VE BAŞKA DEĞERLİ ŞEYLERİN BULUNDUĞU ADALARI KEŞFETMEK" ÜZERE 1534'TE ATLAS OKYANUSU'NUN ÖBÜR YAKASINA YELKEN AÇMIŞTI.

1544'te bugün Kanada sınırları içinde yer alan St. Lawrence ırmağına ulaşmış ve şimdi Quebec'in bulunduğu yerde kamp kurmuştu. Burada altın ve değerli taşlarla ilgili sorularıyla İrokuoy (Iroquoi) Yerlilerini canlarından bezdirmiş, onlar da Cartier'yi başlarından savmak için kıtanın içlerinde yer alan ve inanılmaz zenginlikteki "Seguenay Krallığı" hikâyesini uydurmuşlardı. Cartier orayı aramak için yola koyulmuş, ancak karşı konulamaz Lachine İvintisi onu durdurmuştu. Kaçırdığı 10 İrokuoy ile birlikte Fransa'ya dönmüş, esirlerin Seguenay hikâyesi Fransız kralını Cartier'nin 1541'deki seferine destek vermesini sağlamıştı.

Cartier 700 koloniciyle Kanada'ya dönmüş, ancak orada bulduğu altın ve elmaslar değersiz çıkmıştı.

Adı: Jacques Cartier
Doğumu: 21 Aralık 1491, Saint-Malo, Fransa
Ölümü: 1 Eylül 1557, Saint-Malo, Fransa
Kayda değer başarıları: Cartier bulmayı umduğu altını hiç bulamamıştı. Ancak Kanada'nın içlerini keşfeden ilk Avrupalı oldu ve Kolomb'un aksine buranın Asya'nın bir parçası değil de ayrı bir kıta olduğunu anladı. Cartier becerikli bir denizciydi. Daha ilk seferinde okyanusu sadece 20 günde geçmişti. Kuzey Amerika'ya düzenlediği üç keşif seferi sonucunda ilkin "Kanada" adını verdiği St. Lawrence Irmağı çevresinin önemli haritalarını çıkartmıştı. Ancak Cartier'nin kurduğu kolonilerin hiçbiri yaşamadı. Yeni koloniciler 150 yıl sonra gelecekti.

▼ Hâlâ St. Lawrence Irmağı donduğunda gemiler buzda kapana kısılır. 1535-1536 kışında kalınlığı 1,8 m'ye ulaşan buz tabakası da Fransız donanmasının Cartier'ye malzeme ulaştırmasını engellemişti.

# JACQUES CARTIER

▲ Cartier'ye St. Lawrence ırmağı ve çevresinde, bölgenin yerli halkı olan İrokuoylar kılavuzluk etmişti. Ancak Cartier bu yardıma karşılık, onlardan bazılarını yanında Fransa'ya götürmek üzere kaçırmıştı.

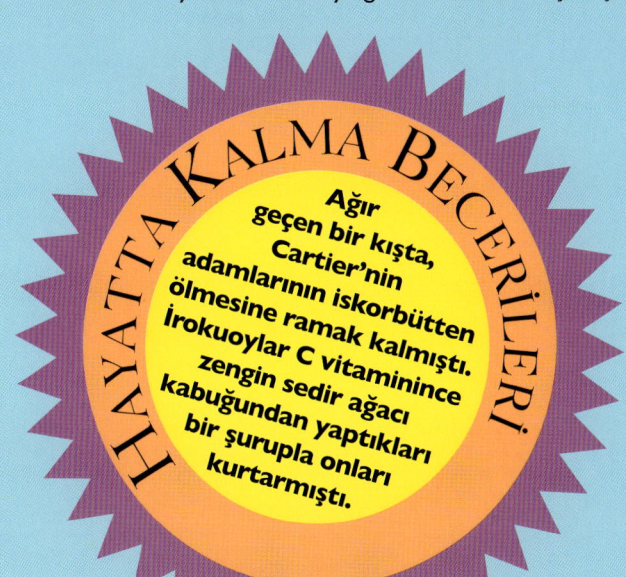

## HAYATTA KALMA BECERİLERİ

Ağır geçen bir kışta, Cartier'nin adamlarının iskorbütten ölmesine ramak kalmıştı. İrokuoylar C vitaminince zengin sedir ağacı kabuğundan yaptıkları bir şurupla onları kurtarmıştı.

## KITA AŞIRI

İskoç kürk taciri Alexander Mackenzie (1755-1820) Cartier'nin ayak izinde giderek 1793'te Kuzey Amerika'yı bir uçtan diğerine aşan ilk Avrupalı olmuştu. Mackenzie Peace ve Fraser ırmakları boyunca 1000 km yol kat etmiş, ivintilerde kanosu parçalanmış ve boğulma tehlikesi atlatmıştı. Dost olmayan yerliler, ufukta gördüğü Büyük Okyanus'a ulaşmasını engellemiş, Mackenzie de bir kayaya boyayla şu cümleyi yazarak geri dönmüştü: "Kanada'dan kara yoluyla, 22 Temmuz 1793."

KUZEY AMERİKA

# SAMUEL DE CHAMPLAIN

Eski bir asker ve kaptan olan Fransız Samuel de Champlain, bir kürk ticareti kolonisi kurmak ve St. Lawrence Irmağındaki karşı durulamaz Lachine İvintisini aşarak ötelerini keşfetmek üzere Kanada'ya gitmişti.

Okyanus kıyısının haritasını çıkarttıktan ve Quebec'te bir hisar kurduktan sonra, nihayet iç bölgeleri keşfe sıra gelmişti. 1609'da ona Champlain gölünü gösteren Hüron (Huron) Yerlilerinin bir savaş seferine katılmıştı.

Champlain Hüronlardan çok şey öğrenebileceğini fark etmişti. 1613'te Kanada'daki kürk ticaretini onun tekeline veren bir imtiyaz aldıktan sonra, Qattawa Irmağı'ndan kuzeye kürek çekerek Allumette Adaları'na ulaştı. İki yıl sonra Hüronların İrokuiylere karşı düzenlediği bir akına katıldı. Bu kez Huron Gölü'ne ulaşarak Ontario Gölü üzerinden geri döndü.

> Champlain, Hüronlara sorularını bir tercüman aracılığıyla soruyordu.

> Onların yardımı sayesinde Niagara Çağlayanı ile Büyük Göller sistemini keşfetmişti.

> Champlain daha sonra bu beş gölün haritasını çıkartmaları için başka kâşifler yollayacaktı.

### YARDIMSEVER HÜRONLAR

Eylül 1615'te Hüronların düzenlediği bir akında, bir İrokuiy oku Champlain'i dizinden yaraladı. Yürüyemez haldeyken bir Hüron savaşçısı onu sırtında Hüron kışlağına dek taşıdı. Champlain'i kışı orada geçirmesi için davet ettiler. O ise her zamanki gibi rahat durmadı, komşu kabileleri ziyaret ederek yaşam tarzları hakkında notlar tuttu.

▶ Hüronlar tüfek, battaniye, incik boncuk ve mücevher karşılığında Fransızlarla kunduz kürkü ve Kanada kırlangıcı tüyü takas ediyorlardı.

# SAMUEL DE CHAMPLAIN

▲ "Quebec" adı Fransızcada "boğaz" anlamına gelir. Champlain St. Lawrence Irmağı'nın yalıyarlarla çevrili bir boğazında konumlandığı için kente bu adı vermişti.

## YAKINDAN BAKIŞ

Champlain İvintilere gelince Hüronların kanolarını karadan taşıyabildiklerini fark etmişti. Böylece Yerli kanolarının Amerika'nın kuzeydoğu ormanları için en uygun taşıt olduğunu anladı.

---

**Adı:** Samuel de Champlain
**Doğumu:** 1567, Brouage, Fransa
**Ölümü:** 1635, Quebec, Yeni Fransa (şimdiki Kanada)

**Kayda değer başarıları:**
Champlain Kanada'nın asıl kâşifidir. 20 yılı aşkın bir süre içinde bölgeyi keşfetmek üzere okyanus aşırı 21 sefer düzenledi. 1604'ten 1607'ye dek Champlain Cape Cod'dan kuzeye uzanan okyanus kıyısının kusursuz haritalarını çıkartmıştı. 1608'de 32 koloniciyle birlikte Quebec'i kurdu (ancak üçte ikisi o kışı çıkaramamıştı). 1609'da Champlain Gölü ile Ottawa Irmağı'nın yanı sıra Büyük Göller'i keşfetti. Champlain'in kitapları, haritaları ve yol haritaları Kanada'ya dair ilk ayrıntılı çalışmalardır.

# DANIEL BOONE

PENNSYLVANIA'NIN ORMANLIK SINIRLARINDA BÜYÜYEN DANIEL BOONE YABAN HAYATINA GÖNÜL VERMİŞTİ. DAHA ÇOCUKKEN KENDİ YAPTIĞI BİR MIZRAKLA HAYVAN İZİ SÜRERDİ.

Sonraları tanıştığı yaşlı avcı John Finley, bitmez tükenmez Vahşi Batı hikâyeleri anlatıyordu. 1769'da kardeşiyle birlikte Finley'in grubuna katılarak Kentucky'ye giden "Savaşçı Yolu"nda (Warrior's Path) ilerlemeye koyuldular.

Birkaç yıl sonra Boone dertlere boğulacaktı. 1773'te oğlu öldürüldü. 1776'da Şavanoki (Shawnee) ve Çerokiler (Cherokee) kızı Jemima'yı kaçırdı. Boone onu kurtardıysa da, iki yıl sonra kendisi Şavanokilere esir düştü. Kaçıp kurtuldu ve kolonicilerin parasıyla doğuya doğru giderken soyuldu. Toprakları hileyle elinden alındı ve 1799'da İspanyol Louisianası'nda (şimdiki Missouri) yerleşmeden önce kadastrocu olarak çalışmak zorunda kaldı.

---

Adı: Daniel Boone
Doğumu: 2 Kasım 1734, Berks ili, Pennsylvania, ABD
Ölümü: 26 Eylül 1820, St. Charles, ABD
Kayda değer başarıları: Boone maceraları sayesinde ABD tarihinin en önemli öncü kolonicileri arasında anılan bir avcı ve kâşifti. Boone'un en büyük başarısı 1760'lı ve 70'li yıllarda Kentucky'ye dek uzanan batı topraklarını keşfe çıkmış olmasıydı. 1775'teyse Cumberland Geçidi'nden geçerek Apalaş Dağları'nı batıya doğru aşan bir yol keşfetti. Takımıyla birlikte inşa ettiği "Vahşi Batı Yolu" kısa süre içinde Batı'ya giden anayollardan biri oldu. 1784'te John Filson Boone'un öyküsünü kaleme alarak onu bir halk kahramanı yaptı. Boone cesur ve becerikli bir orman adamıydı ve şöyle demişti: "Hiç kaybolmadım, ancak kafam karışmış halde haftalar geçirdiğimi de kabul etmem gerek."

---

## YAKINDAN BAKIŞ

Pek çok başka avcı gibi Boone da çoğu zaman ağaçlara mesaj kazırdı. Bunlardan biri şöyledir: "D. Boone [bu] ağaçta ayu [ayı] furdu. Sene 1760."

## TEHLİKELİ BİR İŞ

Boone Kuzey Amerika'da yeni yollar keşfetmeye girişen ilk kürk avcısı değildi. 19. yüzyıl başlarında Jedediah Smith (1799-1831) Batı Yolu'nu açmıştı. Smith Kayalık Dağlar'ı aşarak Kaliforniya'ya ulaşan ilk kişiydi. Buralar tehlikeli yerlerdi: 1823'te bir ayı Smith'i az kalsın öldürüyodu.

◄ Jedediah Smith bir ayının saldırısına uğradıktan sonra avcı dostlarından biri sırtını dikmek zorunda kalmıştı.

▼ Boone'un açtığı ve Appalachian Dağları'nı Cumberland Geçidi'nden aşan yoldan geçen binlerce kolonici kıtanın batısında yeni koloniler kurmuşlardı. Boone yabanıl doğadayken kendini evinde hissederdi: Sık sık haftalar, hatta aylar süren av seferlerine çıkarak dağlarda yaşardı.

Boone'un kızı Jemima onu Şavanokilerin elinden kurtaran bir adamla evlenmişti.

Şavanoki reisi Karabalık, Boone'u yakaladıktan sonra onu manevi oğlu yapmıştı.

# LEWIS VE CLARK

BAŞKAN JEFFERSON 1803'TEN LOUISIANA ARAZİSİNİ FRANSA'DAN SATIN ALDIKTAN SONRA, UZMAN ÖNCÜ KÂŞİF MERIWETHER LEWIS'TEN BU YENİ TOPRAKLARI KEŞFE ÇIKMASINI İSTEDİ.

Lewis ve askerlik arkadaşı William Clark "Keşif Kolu" adını verdikleri bir takım kurarak 1804'te St. Louis'den Missouri Irmağı'na doğru yola çıktılar. Her ne kadar akıntı yukarı üç tekneyle yol almak büyük çaba gerektirse de, yıl sonunda takım 2575 km yol kat etmişlerdi.

Kışı Mandan Siyularıyla (Sioux) geçirdikten sonra tekneleriyle akıntı yukarı 1610 km daha yol yaptılar. Şoşon (Shoshone) kabilesi onlara at ve kılavuz verdi.

Ancak ekip Bitterroot Dağları'nın kalın kar tabakalarında kapana kısıldı. Ancak dost Nez Perse kabilesinin onlara yiyecek vermesi sayesinde kurtuldular.

## YAKINDAN BAKIŞ

Clark ivintileri aşabilmek için Experiment (tecrübe) adını verdiği katlanır bir tekne yapmış; ancak bu tekne su sızdırdığı için kano kullanmak zorunda kalmıştı.

## YARDIM ELİ

Kâşifler 1804-1805 kışını Mandanlarla birlikte geçirmişlerdi. Orada avcı Touissan Charbonneau ve Şoşonlu karısı Sakagavea ile tanıştılar. Charbonneau takımın kılavuzu, karısı da tercümanı oldu. Sakagavea ile bebeğinin varlığı, yerli halklarla iyi ilişkiler kurmalarına önemli katkı sağlamıştı. Şoşon kamplarından birinde Sakagavea öz kardeşini reis olarak bulmuştu.

▶ Sakagavea bitkilerden ilaç yapma konusunda büyük beceri sahibiydi. Kâşifler için mokasen dediği çarıklar da yapıyordu.

▲ Keşif ekibindeki atlar buzla kaplı Bitterroot Dağları'nı geçerken kara saplanmış ya da kaymışlardı. Bitterroot'lar K. Amerika'yı ikiye bölen uzun bir dağ zinciri olan Rocky Dağları'nın bir parçasıdır.

Adı: Meriwether Lewis
Doğumu: 18 Ağustos 1774, Virginia, İngiliz Kuzey Amerikası
Ölümü: 11 Ekim 1809, Tennessee, ABD

Adı: William Clak
Doğumu: 1 Ağustos 1770, Virginia, İngiliz Kuzey Amerikası
Ölümü: 1 Eylül 1838, St. Louis, Missouri, ABD
Kayda değer başarıları: Lewis ve Clark 1804'te Atlas Okyanusu kıyısından Büyük Okyanus kıyısına gidip dönen ilk keşif seferini yönetmişlerdi. 28 ayda tam 14.485 km yol yapmışlardı. Takımdaki altı kişi sefer günlüğü tutmuştu. Keşif ekibi geriye haritalar, hayvan postları, beş canlı kuş ve bir çayırköpeği de getirmişti. Lewis ve Clark'ın keşif seferi, kürk tacirlerinin Asya'ya kolayca ulaşımını sağlayacak bir "Kuzeydoğu Geçidi"nin var olmadığını da göstermişti.

▶ Amerika Yerlileri nehir yolculuklarında oyma kanolar kullanırdı. Dev ağaç gövdelerinin oyularak şekillendirilmesiyle yapılan bu kanoların boyu 196 cm'yi bulabilirdi.

Bitterroot Dağları'nı zar zor aştıktan sonra Lewis ve Clark'ın takımı yeni kanolar yaparak Clearwater, Snake ve Columbia ırmaklarında yer yer çağlayanlarla boğuşarak akıntı aşağı ilerlediler. 7 Kasım 1805'te Büyük Okyanus kıyısına ulaştıklarında bir kamp kurarak, yerel bir kabilenin adından ilhamla buraya Fort Clastop adını verdiler. Burada kışlayıp Mart'ta dönüş yolculuğuna çıktılar.

▼ *Lewis ve Clark'ın Büyük Okyanus'a ulaşmasını sağlayan Columbia Irmağı 2000 km uzunluğundadır. Nehrin aşağı kesimleri pek çok ivintiyle doluydu, ve buralar nehir yoluyla daha batıya ulaşmak isteyen koloniciler için tehlikeli bir yol olacaktı.*

Dönüş yollarında Lewis takımı küçük gruplara böldü. Mariar Irmağı'nın daha kuzeyini de keşfe çıkmak istiyordu. Ancak yolda tutumları hiç de dostça olmayan Karaayak savaşçılarıyla karşılaştılar. Kaçarken, grubun kalanıyla birleşmek için, düzlüklerde 145 km yol yaptılar.

Eylül 1806'da Lewis ve Clark sonunda St. Louis'ye dönmeyi başarmışlardı. Kahramanlar gibi karşılandılar. ABD hükümeti keşiflerine karşılık onlara 6 milyon $m^2$'lik bir arazi hediye etti.

> Lewis ve Clark yerli kabileler kadar, Kanada'dan gelmiş kürk avcılarıyla da karşılaşmışlardı.

> Güneyden İspanyolların onları engellemek için yolladığı gruplardan sakınmaları gerekiyordu.

> Lewis bilim literatürüne geçmemiş 178 bitki ve 122 hayvan türü bulmuş ve tanımlamıştı.

# LEWIS VE CLARK

◄ Lewis ve Clark'ın takımı, boz ayıları gören ve bilimsel tanımını yapan ilk Avrupalılardı. Bu yeni türle epey içli dışlı olmuşlardı. Sefer boyunca en az 62 boz ayıyla karşılaşmışlardı!

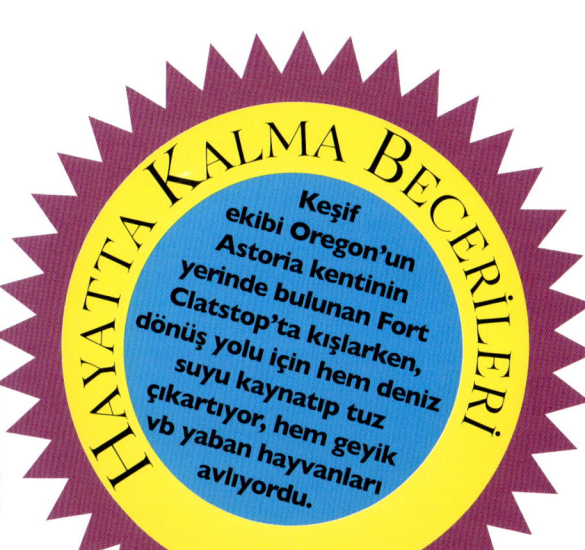

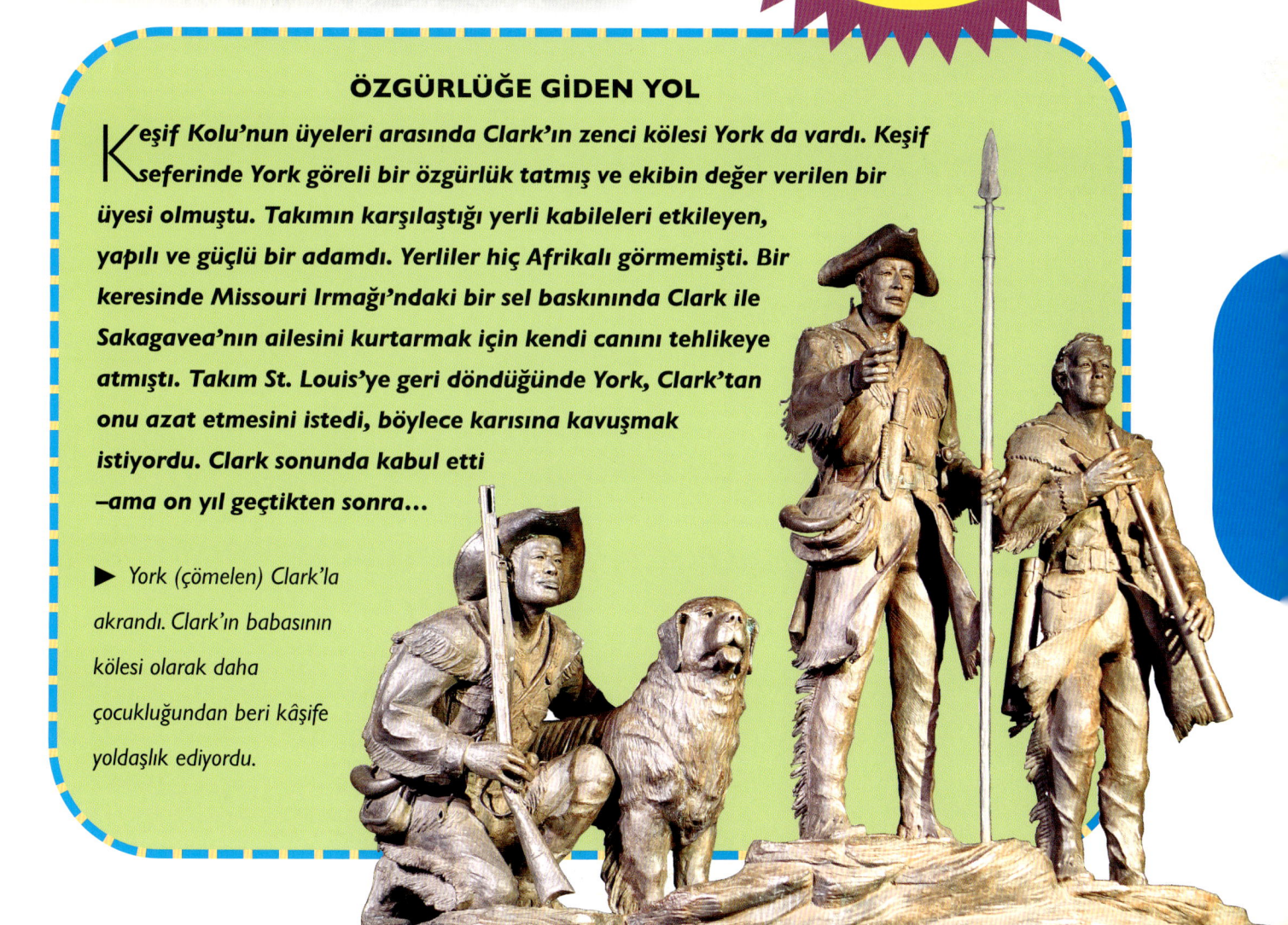

## HAYATTA KALMA BECERİLERİ

Keşif ekibi Oregon'un Astoria kentinin yerinde bulunan Fort Clatstop'ta kışlarken, dönüş yolu için hem deniz suyu kaynatıp tuz çıkartıyor, hem geyik vb yaban hayvanları avlıyordu.

## ÖZGÜRLÜĞE GİDEN YOL

Keşif Kolu'nun üyeleri arasında Clark'ın zenci kölesi York da vardı. Keşif seferinde York göreli bir özgürlük tatmış ve ekibin değer verilen bir üyesi olmuştu. Takımın karşılaştığı yerli kabileleri etkileyen, yapılı ve güçlü bir adamdı. Yerliler hiç Afrikalı görmemişti. Bir keresinde Missouri Irmağı'ndaki bir sel baskınında Clark ile Sakagavea'nın ailesini kurtarmak için kendi canını tehlikeye atmıştı. Takım St. Louis'ye geri döndüğünde York, Clark'tan onu azat etmesini istedi, böylece karısına kavuşmak istiyordu. Clark sonunda kabul etti —ama on yıl geçtikten sonra...

► York (çömelen) Clark'la akrandı. Clark'ın babasının kölesi olarak daha çocukluğundan beri kâşife yoldaşlık ediyordu.

DAHA 100 YIL ÖNCE AMAZONLARDA BİR KEŞİF KOLUNUN İZ BIRAKMADAN KAYBOLMASI İŞTEN BİLE DEĞİLDİ. İLK KÂŞİFLER BALTA GİRMEMİŞ ORMANDA İLERLEMEK İÇİN, ANDLAR'I AŞIP NEHİR YOLUNU KULLANIRDI.

# ORTA VE GÜNEY AMERİKA'YA GENEL BAKIŞ

MACELLAN VE DİĞER AVRUPALILAR 15. YÜZYILIN SONLARINDA KEŞFE ÇIKACAKLARI GÜNEY AMERİKA KIYILARINA ULAŞMAK İÇİN, TİCARET RÜZGÂRLARININ YARDIMIYLA ATLAS OKYANUSU'NU GEÇERLERDİ.

16. yüzyıl ise "conquistadores" denilen, Hernán Cortés ile Francisco Pizzaro'nun yönetimindeki istilacı İspanyol kuvvetlerin dönemiydi. İspanyollar Meksika'daki Aztek ve Peru'daki İnka imparatorluklarını işgal ettikten sonra, Peru'dan daha güneye, Kolombiya, Bolivya ve Şili'ye dek gitmişlerdi.

Francisco de Orellana gibi servet avcıları da Yeni Dünya'ya akın etmişti. Yol bulmak için yerli kılavuzlara ya da talihlerine güveniyorlardı. 19. yüzyıldaysa bilime önem veren kâşifler Atlas Okyanusu'na dökülen ırmakların kaynaklarını keşfetmişti.

### NEDEN ORAYA GİTMİŞLERDİ?

- **İSTİLA:** "Conquistadores" –istilacılar– kendi üstün teknolojileriyle ve yerel müttefiklerinin yardımıyla Aztek ve İnka İmparatorluklarını yenmişlerdi.
- **ALTIN:** Servet avcıları efsanevi El Dorado (Altın Adam) diyarını bulmaya çalışmıştı.
- **DİN:** Güney Amerika'ya giden keşişler, yerli halkları Hıristiyanlaştırma uğraşı vermişti.
- **ARKEOLOJİ:** Daha sonraları gezginler eski Maya ve İnka harabelerini keşfetmişlerdi.

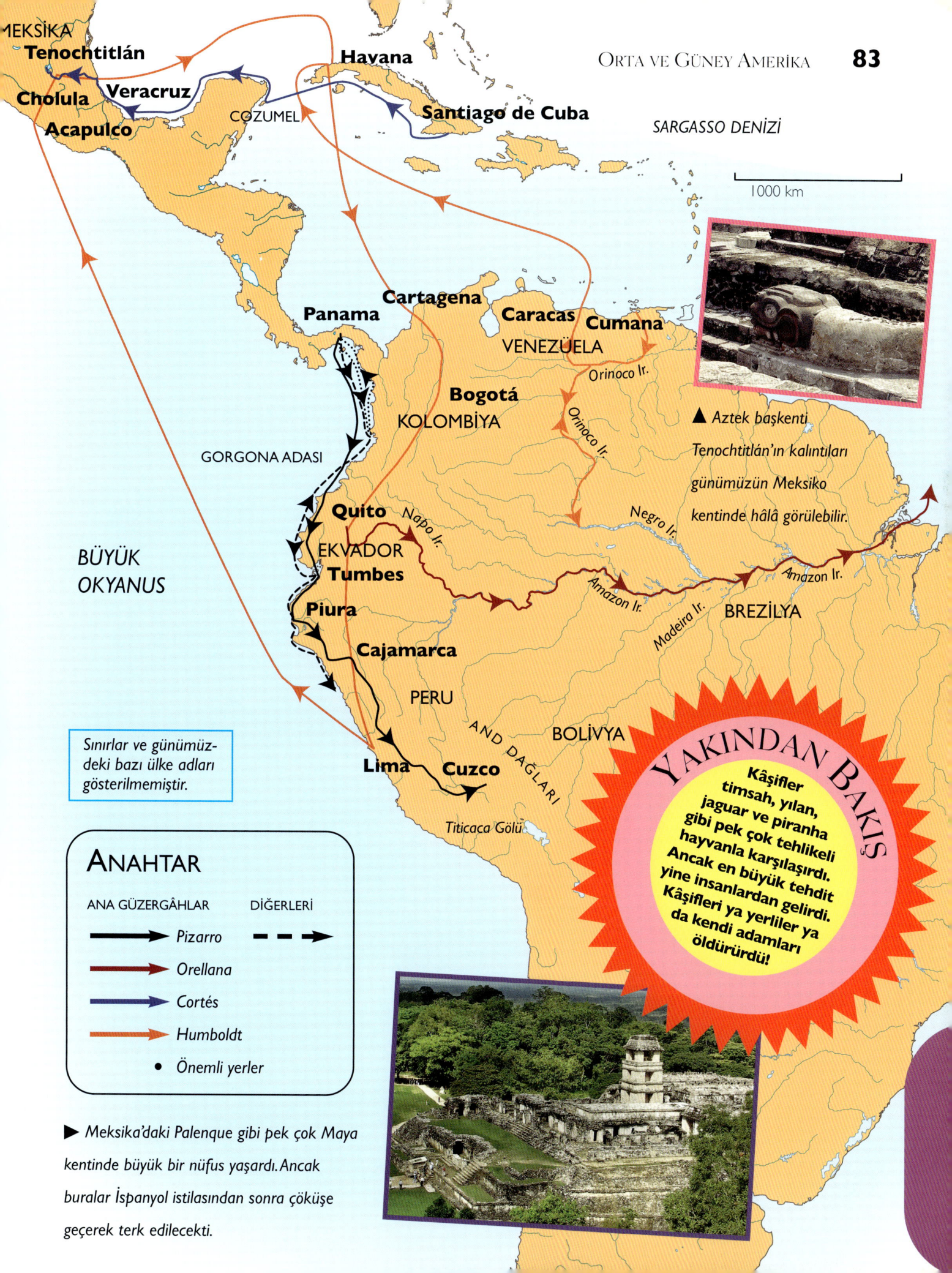

# ORTA VE GÜNEY AMERİKA 83

MEKSİKA
Tenochtitlán
Cholula — Veracruz
Acapulco — COZUMEL
Havana
Santiago de Cuba
SARGASSO DENİZİ

1000 km

Cartagena
Panama
Caracas — Cumana
VENEZÜELA
Orinoco Ir.
Bogotá
KOLOMBİYA
GORGONA ADASI
Quito — Napo Ir.
EKVADOR
Tumbes
BÜYÜK OKYANUS
Piura
Cajamarca
PERU
AND DAĞLARI
BOLİVYA
Lima — Cuzco
Titicaca Gölü
Negro Ir.
Amazon Ir.
Madeira Ir.
BREZİLYA

▲ Aztek başkenti Tenochtitlán'ın kalıntıları günümüzün Meksiko kentinde hâlâ görülebilir.

Sınırlar ve günümüzdeki bazı ülke adları gösterilmemiştir.

## ANAHTAR

ANA GÜZERGÂHLAR    DİĞERLERİ

→ Pizarro    --→

→ Orellana

→ Cortés

→ Humboldt

• Önemli yerler

### YAKINDAN BAKIŞ

Kâşifler timsah, yılan, jaguar ve piranha gibi pek çok tehlikeli hayvanla karşılaşırdı. Ancak en büyük tehdit yine insanlardan gelirdi. Kâşifleri ya yerliler ya da kendi adamları öldürürdü!

▶ Meksika'daki Palenque gibi pek çok Maya kentinde büyük bir nüfus yaşardı. Ancak buralar İspanyol istilasından sonra çöküşe geçerek terk edilecekti.

# HERNÁN CORTÉS

**H**ERNÁN CORTÉS TAM BİR BAŞBELASIYDI. BU YÜZDEN KÜBA VALİSİ ONU MEKSİKA'YA YOLLAMAYA KARAR VERMİŞTİ. SONRA FİKRİNİ DEĞİŞTİRDİ.

18 Şubat 1519'da Meksika'nın güneydoğu kıyısına ayak basan ve Aztek hükümdarından nefret eden Tlaxcala yerlileriyle güçbirliği yapan Cortés, "Çok geç!" diye düşünmüştü. Komutası altındaki 6000 adamla Aztek başkenti Tenochtitlán'ın üzerine yürümüştü.

Aztek İmparatoru Moctezuma, Cortés'i kente davet etti. Cortés imparatoru rehin aldı, ancak rakip bir İspanyol kuvvetinin yaklaştığını öğrenince adamlarını kentte bırakarak, onları geri püskürtmek üzere kıyıya indi. Tenochtitlán'a döndüğünde adamları yüzünden Azteklerin ayaklandığını gördü. Cortés birliklerini geri çekti, 1521'de dönerek, içinde imparatorla birlikte kenti ele geçirdi.

---

Adı: Hernán Cortés
Doğumu: 1485, Medellín, İspanya
Ölümü: 2 Aralık 1547, Seville yakınlarındaki Castilleja de la Cuesta, İspanya
Kayda değer başarıları: Cortés iki yıldan az zamanda, İspanya adına Aztek Meksikası'nı keşfe çıkmış ve ele geçirmişti. Tenochtitlán kuşatması 75 gün sürmüş ve kent yerle bir edilmişti. Bu savaş ve Avrupa'dan gelen çiçek gibi hastalıklar 240.000 yerlinin ölümüne yol açtı. İstila edilen bölgenin valisi olarak atandıktan sonra Tenochtitlán'ın yerinde İspanyol kenti Mexico'yu kurdu. Kısa sürede komşu halkları da egemenliği altına aldı, ancak çok zalim bir hükümdardı. Birkaç yıl sonra, 1524'te görevden çekilmeye mecbur bırakıldı.

---

## ACIMASIZ İSTİLA

**A**ztekler dehşet salan komşulardı. Her yıl tanrılara kurban ederken canlı canlı kalplerini sökmek ve kellelerini raflara dizmek için on binlerce savaş tutsağı alırlardı. Cortés'in adamları da merhametli sayılmazdı. Atlarıyla hızla yer değiştirebiliyor, kılıçlarıyla Azteklerin ahşap kalkanlarını peynir gibi kesiyorlardı.

◀ *Cortés ve adamları Cholula kentine girdiklerinde 5000 kişiyi kılıçtan geçirmişlerdi.*

## YAKINDAN BAKIŞ

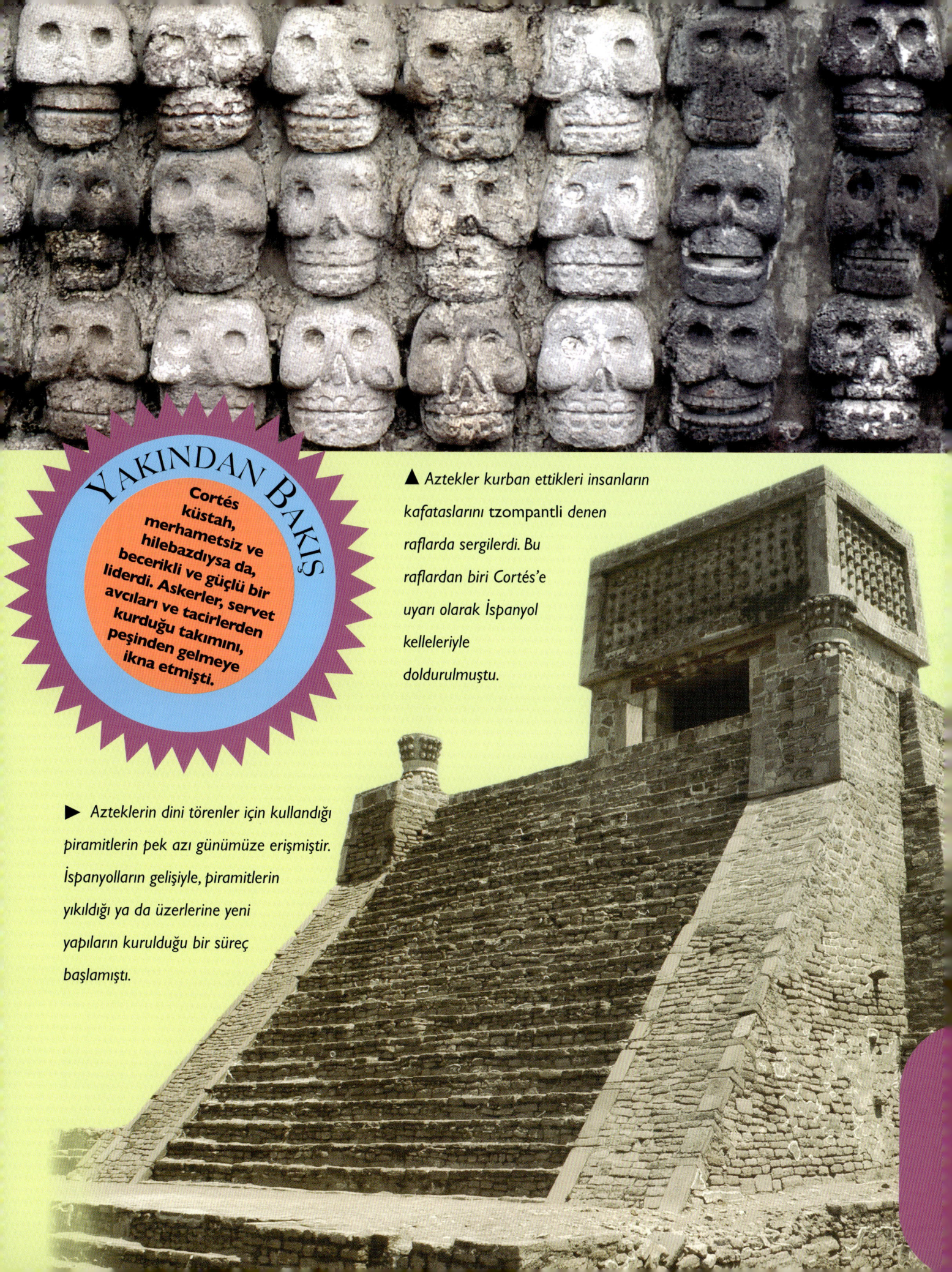

Cortés küstah, merhametsiz ve hilebazdıysa da, becerikli ve güçlü bir liderdi. Askerler, servet avcıları ve tacirlerden kurduğu takımını, peşinden gelmeye ikna etmişti.

▲ Aztekler kurban ettikleri insanların kafataslarını tzompantli denen raflarda sergilerdi. Bu raflardan biri Cortés'e uyarı olarak İspanyol kelleleriyle doldurulmuştu.

▶ Azteklerin dini törenler için kullandığı piramitlerin pek azı günümüze erişmiştir. İspanyolların gelişiyle, piramitlerin yıkıldığı ya da üzerlerine yeni yapıların kurulduğu bir süreç başlamıştı.

## ORTA VE GÜNEY AMERİKA

# FRANCISCO PIZARRO

**F**RANCISCO PIZARRO YENİ DÜNYA'YA 1502'DE AYAK BASMIŞTI. 20 YILI AŞKIN SÜREYLE KARAYİPLER İLE PANAMA'NIN YERLİ HALKLARINA KARŞI İNSANLIK DIŞI BİR SAVAŞ YÜRÜTTÜ.

Pizarro, Panama'dan 1530'da ayrıldı. Ekvador'a gitti ve bir yıl boyunca cengelde yol açarak ve yerli kabilelerle savaşarak Peru dağlarına ulaştı —tam 2500 km yol kat etmişti.

İnka hükümdarı Atahualpa İspanyolları karşılamak üzere hazırlanırken, Pizarro ani bir saldırı düzenledi. Sonradan Atahualpa'yı idam etti. Kasım 1533'te Pizarro İnka başkenti Cuzco'ya girdi. Bir yıldan kısa sürede devasa İnka İmparatorluğu'nu ele geçirmişti.

### CEHENNEMİN KAPISI

*P*izarro ikinci keşif seferinde (1526-1528) "cehennemin kapısı" dediği Gorgona Adası'na ayak bastığında, adamları açlıktan ve hastalıktan ölmeye başlamıştı. Panama Valisi'nden malzeme yardımı istedi. Ancak yardım gelmeyince Pizarro'nun kuma bir çizgi çekerek adamlarına meydan okuduğu anlatılır. Sadece onun tarafına geçeceklere şan, şöhret ve altın vaat etmiş; 80 kişiden 13'ü onunla kalırken kalanları memleketlerine dönmüşlerdi.

▼ Pizarro'nun adamları dağların tepesindeki Macchu Picchu'yu hiç bulamamıştı. İnka İmparatorluğu'nun simgesi olan bu kent Cuzco'nun 80 km kadar kuzeyindeydi ve 1911'e dek keşfedilmeden kalmıştı.

▲ Pizarro (at üstündeki) Atahualpa'yı (tahtta oturan) esir aldığında, hükümdarı serbest bırakma sözüyle bir odayı tavanına kadar altın ve gümüşle doldurtmuştu. Hazineyi aldıktan sonraysa sözünü tutmayarak hükümdarı öldürtecekti.

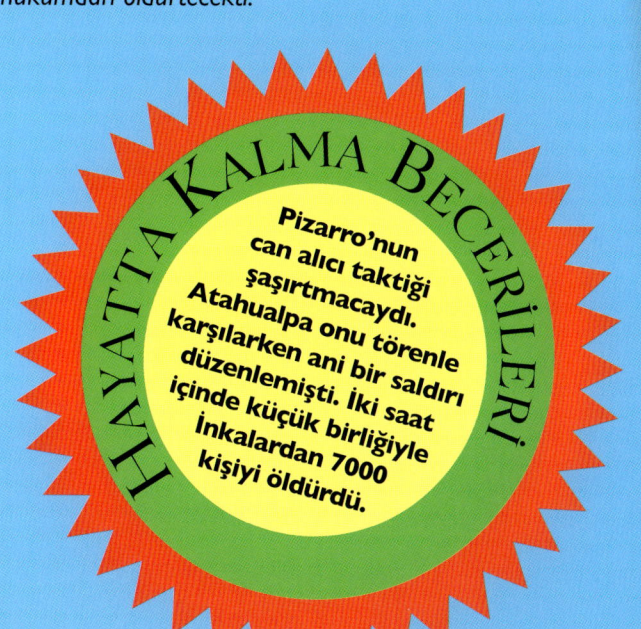

## HAYATTA KALMA BECERİLERİ

Pizarro'nun can alıcı taktiği şaşırtmacaydı. Atahualpa onu törenle karşılarken ani bir saldırı düzenlemişti. İki saat içinde küçük birliğiyle İnkalardan 7000 kişiyi öldürdü.

Adı: Francisco Pizarro
Doğumu: 1475, Trujillo, İspanya
Ölümü: 26 Haziran 1541, Lima (bugünkü Peru)
Kayda değer başarıları: Pizarro'ya asıl ününü kazandıran, Peru'daki İnka İmparatorluğu'nu sadece 168 adamla istila etmesiydi. Kaderin cilvesi, oraya vardığında Atahualpa ile kardeşi Huascar arasındaki iç savaşla İnkaları zayıf düşürmüştü. 1535'te Lima kentini kurduktan sonra Pizarro rakip conquistador Diego de Almagro ile savaştı. Pizarro'nun kardeşi Hernando, Almagro'yu 1538'de öldürdü. Ancak Almagro'nun yandaşları da daha sonra Pizarro'yu öldürdü.

# FRANCISCO DE ORELLANA

**H**ER NE KADAR "CONQUISTADOR" ORELLANA, İNKA İMPARATORLUĞU'NUN İSTİLASINDA ROL ALMIŞTIYSA DA, HÂLÂ ALTIN PEŞİNDEYDİ.

Orellana efsanevi "Tarçın Diyarı"nı bulmak için Gonzalo Pizzaro'ya katılmıştı. Mart 1541'de 280 adam Peru'daki Quito'dan yola çıktı. Dağlar ve balta girmemiş ormanlar aşmışlar, Ekim ayında yiyeceklerini tüketmişlerdi.

Orellena adamların yaptığı tekneyle bir grubun başında, akıntı aşağı yiyecek bulmak için yola çıktı. 12 gün sonra bir köy buldular, ancak adamları akıntı yukarı kürek çekemeyecek kadar bitkin düşmüştü. Savaş kanolarının ve kıyıdaki okçuların saldırısı altında kendilerini ancak akıntıya bırakmışlardı. Sekiz ay ve 8000 km sonra, Ağustos 1542'de Orellana'nın adamları yeryüzünün en büyük ırmaklarından, Amazon boyunca seyrederek Atlas Okyanusu'na ulaşmışlardı.

## YAKINDAN BAKIŞ

Orellana'nın Amazon'a bu adı vermesinin sebebi, yolda savaştıkları bir kadın savaşçılar kabilesiydi. Bu kadınlar ona Yunan mitolojisindeki Amazonları anımsatmıştı.

---

Adı: Francisco de Orellana
Doğumu: 1490, Trujillo, İspanya
Ölümü: 1546, Amazon Irmağı, Brezilya
Kayda değer başarıları: Orellana Amazonu tekneyle başından sonuna geçen ilk Avrupalı'ydı. Ergenlik döneminde Yeni Dünya'ya gelmiş, İnkaların ele geçirilmesi sırasında bir çarpışmada tek gözünü kaybetmişti. Amazon'daki yolculuğundan sonra Orellana İspanya'ya geri döndü. Oradan terfiler alarak ve Amazon yöresini kolonileştirme göreviyle geri yollandı. Yüzlerce kolonici ile geri dönmüştü, ancak gemisi Amazon deltasında battığında öldü.

# FRANCISCO DE ORELLANA

▲ Amazon, Nil'den sonra dünyanın en uzun ırmağıdır. Orellana, Amazon'daki yolculuğundan sonra İspanya'da bir kahraman gibi karşılanmıştı —ancak Gonzalo Pizzaro ısrarla, geri dönüp asıl keşif koluna yardım götürmediği gerekçesiyle hain olduğunu söylüyordu.

Yol boyunca Orellano'nun teknesine o denli çok ok saplanmıştı ki, "bir kirpiye benzemişti".

Orellana Amazon'da yiyecekle incik boncuk takası yapmaya yetecek sözcükleri öğrenmişti.

Aynı sıralarda Gonzalo Pizzaro'nun adamlarının Quito'ya dönmesi dokuz ayı bulmuştu.

## SUDAN ÇIKMIŞ BALIK GİBİ

İspanyol savaşçıları Avrupa'nın belki de en iyileriydi, ancak iş tropik ormanda yiyecek bulmaya gelince bir hiçtiler. Orellana'nın adamları öyle aç kalmıştı ki, atlarıyla köpeklerini yedikten sonra, ayakkabılarını otlarla pişirmişlerdi. Sağanak yağmurlar Orellana'ya yardım edene dek yedi adamı açlıktan ölmüştü. Yağmur akıntısı teknesini sekiz günde 1200 km uzağa taşımıştı.

▶ Orellana'nın hatası, nehirler boyunca yol almak yerine tropik ormanda yol açmaya çalışmasıydı.

# ALEXANDER VON HUMBOLDT

VON HUMBOLDT'UN İSPANYA'DA BAŞLAYARAK, OKYANUSUN ÖTE YAKASINDA SÜREN VE GÜNEY AMERİKA'DAN KUZEY'E, ABD'YE UZANAN İNANILMAZ YOLCULUĞU 1799'DA BAŞLAMIŞTI.

Humboldt ile yol arkadaşı bitkibilimci Aimé Bonpland, Haziran'da Venezüela'ya varmışlardı. Orinoco Irmağı bölgesini keşfe çıktılar. Yağmurlar ve haşereler yiyeceklerini mahvettiğinde, yabani kakao çekirdekleri ve nehir suyuyla idare ettiler. Hastalandılarsa da iyileştiler ve Kasım'da Küba'ya yelken açtılar.

Altı ay sonra ikili Andlar boyunca ilerliyordu. 1803'te kuzeye, Meksika'ya giderek bir yıl kadar o yörenin keşfiyle ilgilendiler ve bir de yanardağa tırmandılar. Ülkelerine dönmeden önce de ABD'de bir mola vererek Ağustos 1804'te Fransa'ya ayak bastılar. Ne macera!

Adı: Alexander von Humboldt
Doğumu: 14 Eylül 1769, Berlin, Prusya (günümüzde Almanya)
Ölümü: 6 Mayıs 1859, Berlin
Kayda değer başarıları: 1799-1804 arasında Fransız botanikçi Aimé Bonpland ile birlikte Venezüela kıyıları, Orinoco ve Amazon ırmakları ile Peru, Ekvador, Kolombiya ve Meksika'nın büyük bölümlerini keşfe çıktı. At sırtında ya da kanolarla 9600 km'yi aşkın yol kat ettiler. Humboldt'un Amazon ile Orinoco ırmak sistemleri arasındaki bağlantıyı bulması, yerel yaban hayatı ile jeoloji konusundaki büyük keşifleri kadar önemlidir. Humboldt ve Bonpland pek çok kitap da yayımlamıştı.

- Humboldt ve Bonpland timsah dolu bataklıklara, ivintilere ve dondurucu soğuğa göğüs gerdi.

- Bir ara ikilinin yiyecekleri öyle azalmıştı ki, karınca yemek zorunda kalmışlardı.

- Keşfettikleri guaçaro -gıcırtı- kuşu mağaralarda yaşar ve gece sesinin yardımıyla yol bulur.

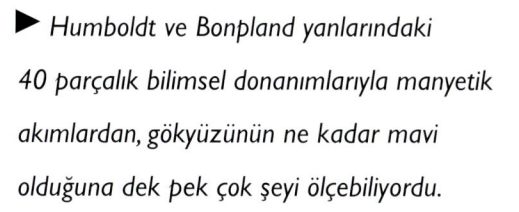

▶ *Humboldt ve Bonpland yanlarındaki 40 parçalık bilimsel donanımlarıyla manyetik akımlardan, gökyüzünün ne kadar mavi olduğuna dek pek çok şeyi ölçebiliyordu.*

## YAKINDAN BAKIŞ

Güney Amerika bazen tehlikeli olabilirdi. Bir keresinde Humboldt kumsalda yürürken bir jaguarla burun buruna gelmiş, neyse ki koca kedi onu bırakıp yoluna gitmişti.

▼ *1802'de Humboldt ve Bonpland 6005 m'lik Chimborazo Dağı'na tırmanmışlardı —bu 30 yıl boyunca kırılamayacak bir dağcılık rekoruydu.*

## HAYVAN DENEYLERİ

Humboldt ve Bonpland, Venezüela ırmaklarında yaşayan bir tür yayın balığını incelemek istiyorlardı. 2 m boyundaki bu balık çok tehlikeliydi, 650 voltla çarpılabilirlerdi. Bir yerliyle birlikte plan yaptılar. Suya 30 at ve katır sürerek, yayın balıkları tüm enerjilerini harcayana kadar onları suda tutacaklardı. Sarı balıklar çifteler savuran atları çarparken sular fokurduyordu. Sonunda yayın balıklarının enerjileri tükenmiş ve Humboldt -boğulan iki atına karşılık- çarpılmadan onları yakalayabilmişti.

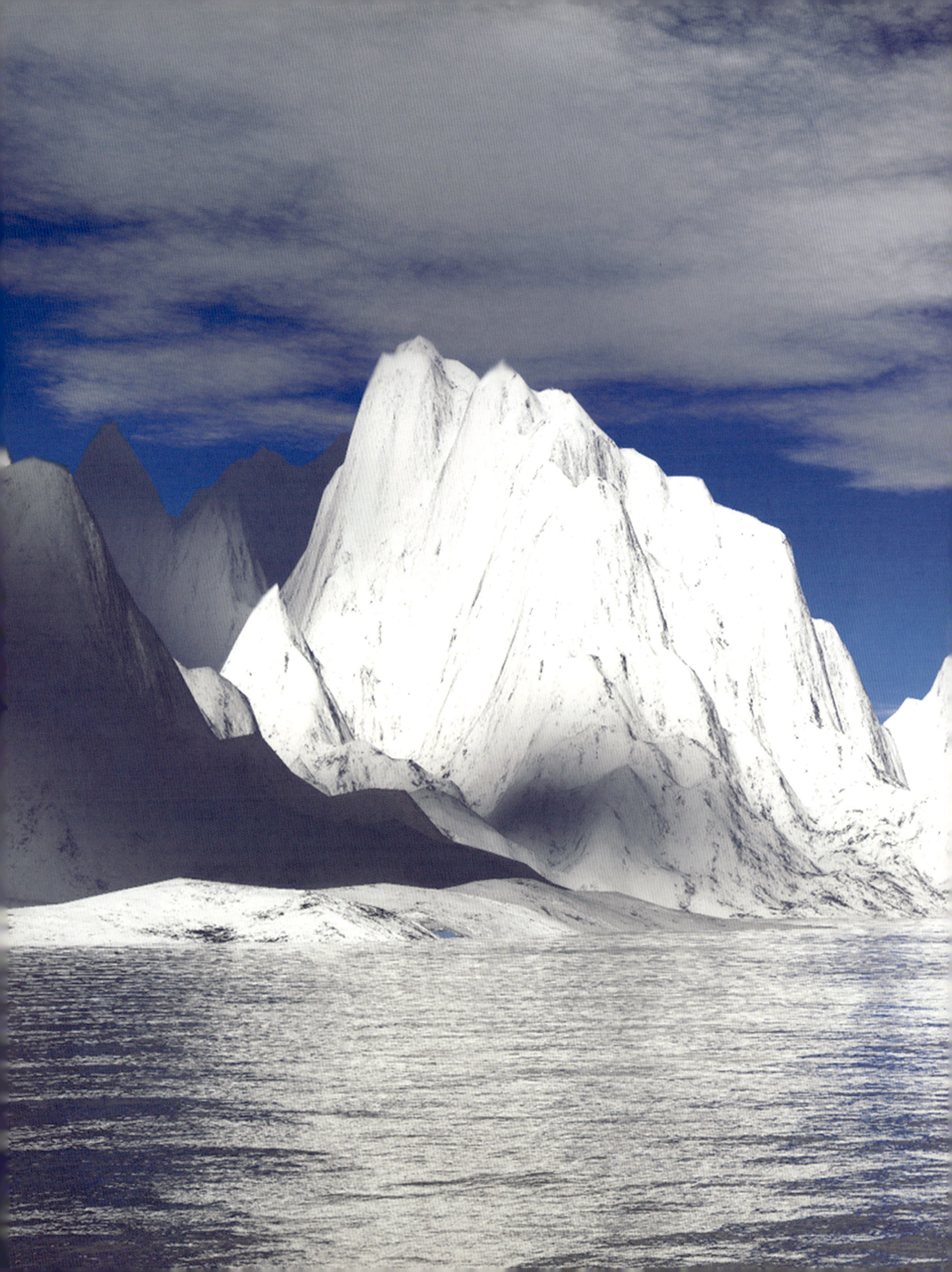

# KUTUP BÖLGELERİ

buzdağları • dağlar • donmuş çöller

# KUTUPLARA GENEL BAKIŞ

ANTARKTİKA KEŞFEDİLMEYİ BEKLEYEN SON KITA İDİ. DÜNYANIN SIRF EN SOĞUK YERİ DEĞİL, EN RÜZGÂRLI, EN YÜKSEK, EN KARANLIK VE EN ISSIZ YERİDİR DE.

KUZEY BUZ DENİZİ'NİN ÇEVRESİNDE DENİZ YOLU ARAYAN VE KUTUP NOKTASINA ULAŞMAYA ÇALIŞAN AVRUPALI KÂŞİFLERİN GELMESİNDEN YÜZYILLAR ÖNCE DE, KUZEY KUTUP BÖLGESİNDE YERLİ HALKLAR YAŞARDI.

Güneyde ise "Büyük Güney Kıtası"nı arayanlar 19. yüzyıl başlarında Antarktika'yı keşfetmişti.

1827'de İngiliz kâşifi William Parry, Kuzey Kutup Noktası'na kızakla ulaşmayı denemişse de bunu başaramamıştı. 20. yüzyıl başlarında Norveçli kâşif Roald Amundsen, İnuitlerden köpeklerle nasıl kızak sürüleceğini öğrendi. Amerikalı Robert Peary ile Matthew Henson 1909'da Amundsen'den önce kutup noktasına ulaştılar. Amundsen de gözünü Güney Kutbu'na dikti –bu kez yarış İngiliz Robert Scott ile idi.

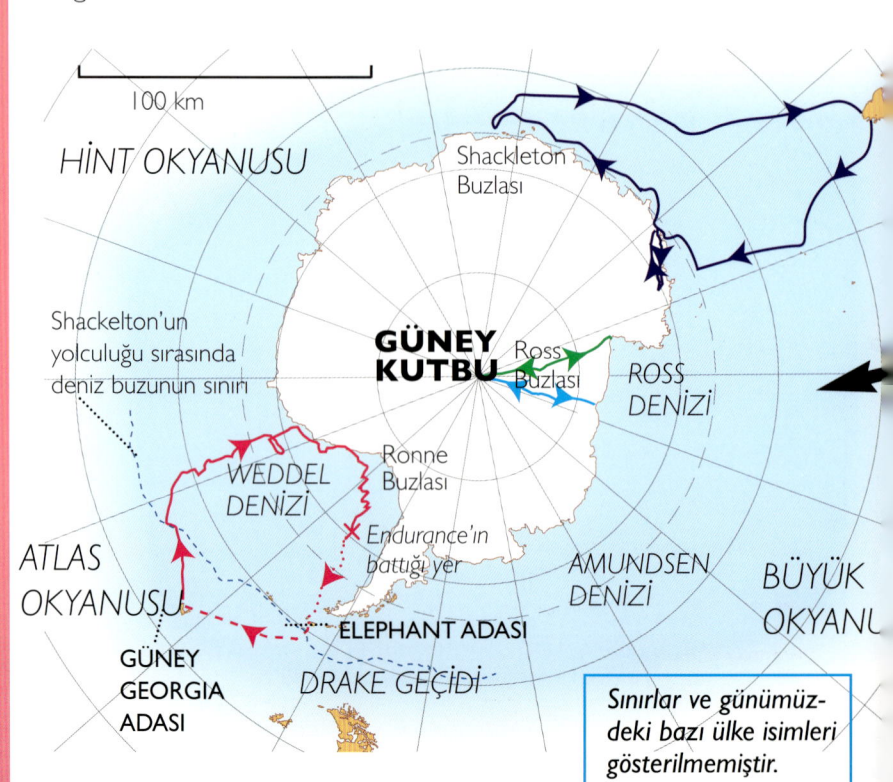

*Sınırlar ve günümüzdeki bazı ülke isimleri gösterilmemiştir.*

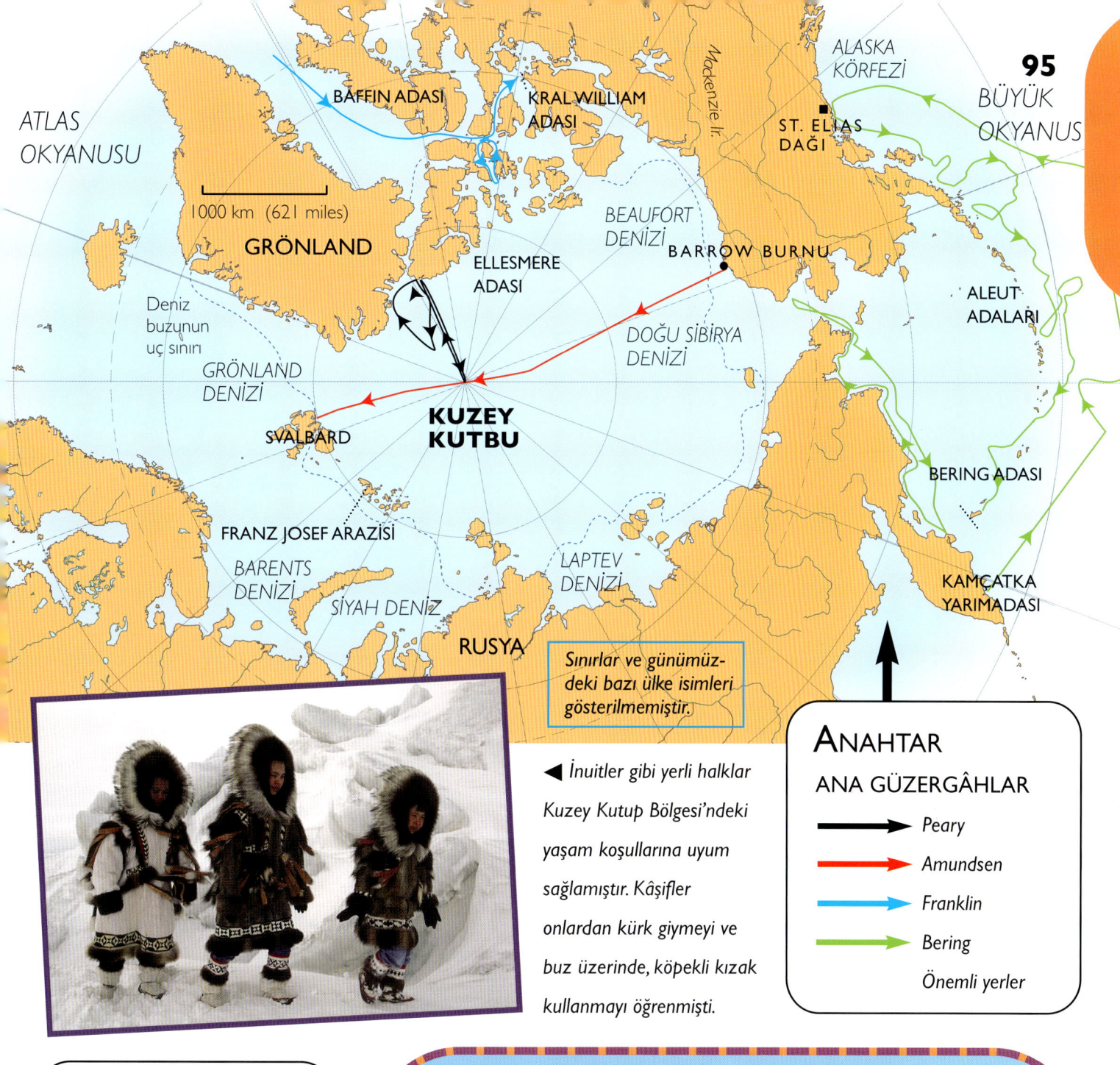

◀ İnuitler gibi yerli halklar Kuzey Kutup Bölgesi'ndeki yaşam koşullarına uyum sağlamıştır. Kâşifler onlardan kürk giymeyi ve buz üzerinde, köpekli kızak kullanmayı öğrenmişti.

Sınırlar ve günümüzdeki bazı ülke isimleri gösterilmemiştir.

## ANAHTAR
### ANA GÜZERGÂHLAR
- → Peary
- → Amundsen
- → Franklin
- → Bering
- Önemli yerler

## ANAHTAR
### ANA GÜZERGÂHLAR
- → Scott
- → Amundsen
- → Shackleton
- ······▶ (buzda kızakla)
- ---▶ (açık tekneyle)
- → Mawson

## NEDEN ORAYA GİTMİŞLERDİ?

- **KUTUPLAR:** Kâşifler dünyanın uç noktalarına varan ilk kişi olmanın zaferini tatmak istemişlerdi.
- **TİCARET:** Tacirler Kanada'nın kuzeyinden Doğu Asya'ya kestirmeden giden "Kuzeybatı Geçidi" adında bir deniz yolu olmasını umut ediyordu.
- **BİLİM:** Keşif seferlerine hava durumunu kayda geçmesi, taş örnekleri toplaması ve yaban hayatını incelemesi için bilim adamları da alınmıştı.
- **EMPERYALİST REKABET:** On ülke Güney Kutbu'na keşif seferi düzenlemeyi planlamışsa da, yarış İngiltere ile Norveç arasında yapılmıştı.

# VITUS BERING

**D**ANİMARKALI BİR GEMİCİ OLAN BERING, ASYA VE KUZEY AMERİKA ARASINDAKİ OLASI KARA BAĞLANTISINI ARAŞTIRAN BİR RUS KEŞİF KOLUNUN LİDERİYDİ.

1724'te Bering'in keşif kolu Sibirya ovalarından Büyük Okyanus kıyısına tam 10.000 km yol kat etmişti. 1728'de Bering Kamçatka Yarımadası'ndan denize açılmış, ancak sis yüzünden Alaska kıyılarını görememişti. Denizde bir ay geçirdikten sonra geri dönmüştü!

Bering daha uzaklara gitmediği için eleştirilince, 1740'ta yine yollara düştü. Sibirya'yı üç yılda geçti. Korkunç bir fırtına iki gemisini ayrı düşürdü. Her ikisi de Alaska kıyılarını keşfe çıkmıştı ve St. Paul sağ salim geri döndü. Bering'i de taşıyan St. Peter ise kayboldu. Bering ile mürettebatı, bugün onun adıyla anılan adada kışladı. Üç ay içinde Bering ile mürettebatından 29 kişi öldü.

## TERS GİDEN YOLCULUK

**A**laska'dan 1741'de çıktıkları dönüş yolculuğunda St. Peter'de, işler kötüden feciye doğru gitmeye başladı. Bering yolunu kaybetti, içme suyu fıçıları sızdırmaya ve yiyecek tükenmeye başladı. Mürettebatın çoğu iskorbütten yatağa düştü. Bering kamarasından çıkamayacak kadar bitkindi. 4 Kasım'da bir ada göründü. Harap bir gemi ve çoğu hasta bir mürettebatla Bering adada kışlamaya karar verdi. Her geçen gün daha da kötüleşmesine rağmen, 8 Aralık 1741'deki ölümüne dek adamlarını yönetmeyi bırakmadı.

Bering gemisine komuta edemeyecek kadar hastalanınca mürettebatıyla, şimdi adını taşıyan adaya çıktı.

Oradaki kar fırtınaları yüzünden, barınaklarından çıkmak için karda tünel açmaları gerekiyordu.

# VITUS BERING

◀ St. Peter Alaska'nın kayalık ve sisli kıyıları boyunca seyretmişti. Bering'in ölümünden sonra kazazedeler geminin enkazından küçük sandallar yaparak Sibirya kıyılarına varmayı başarmışlardı.

## YAKINDAN BAKIŞ

Adadaki yoğun kar yağışı yüzünden Bering'in adamları çoğu zaman odun bulamıyordu. Bazı günler odun için 16 km'ye yakın yol yürümeleri gerekmişti.

**Adı:** Vitus Jonassen Bering
**Doğumu:** Ağustos 1681, Horsens, Danimarka
**Ölümü:** 19 Aralık 1741, Bering Adası
**Kayda değer başarıları:** Danimarka tebası Bering, Rus Donanması'nda çalışıyordu. Keşif seferlerinin ilkinde (onun adıyla anılan) Bering Boğazı'nı geçerek -her ne kadar farkına varamasa da- Asya ile K. Amerika'nın ayrı kıtalar olduğunu kanıtlamıştı. İkinci keşif seferinde Bering'in iki gemisi ayrı düşmüştü. St. Paul Alaska kıyılarının manzarasını seyrediyordu; birkaç gün sonra da Bering'in mürettebatı St. Elias Dağı'nı gördü. Bering, Rusya'nın daha sonra, 1733-1743'te Sibirya'nın kutup kıyılarının haritasını çıkartmak için düzenlediği Büyük Kuzey Keşif Seferi'nin önünü açmıştı.

◀ Bering Amerika'yı Çin'e bağladığına inanılan "Kuzeydoğu Geçidi"ni ararken, 1728'de Asya'yı Amerika'dan ayıran boğazdan geçmişti. O zamandan beri boğaz onun adıyla anılır.

# JOHN FRANKLIN

İNGİLİZ DENİZCİSİ JOHN FRANKLIN, 1845'TE KANADA'NIN KUZEY KIYILARINDA YELKEN AÇTIĞINDA, BU HARİTASI ÇIKARTILMAMIŞ SULARA AVRUPALI KÂŞİFLER EN FAZLA 800 KM YAKLAŞMIŞLARDI.

Franklin daha önce de (1819-1822) Büyük Slave Gölü'nden Kuzey Buz Denizi'ne gitmişti. 1825-27 arasında da, Kuzey Buz Denizi kıyılarının yeni haritalarını çıkarmıştı. 1844'te Franklin Atlas Okyanusu'nu, Kanada'nın Kuzey Buz Denizi kıyıları üzerinden Büyük Okyanus'a bağladığına inanılan "Kuzeybatı Geçidi"ni bulmak için yola çıktı. Üç yıl boyunca ondan haber alınamayınca arama kurtarma ekipleri yola çıktı.

Ekipler Franklin'in gemilerinin donan denizinde kısılıp kaldığını ve Franklin'in mürettebatından 24 kişiyle açlık, soğuk ve hastalık yüzünden öldüğünü ortaya çıkardı. 1848'de mürettebattan arta kalan 105 kişi gemileri terk ederek, en yakındaki yerleşim olan Fort Resolution'a doğru yola çıkmış, ancak hiçbiri oraya varamamıştı

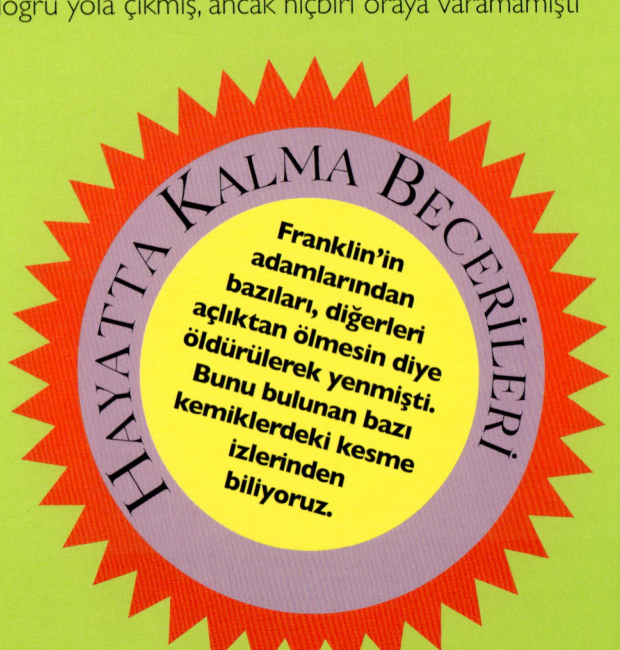

## HAYATTA KALMA BECERİLERİ

Franklin'in adamlarından bazıları, diğerleri açlıktan ölmesin diye öldürülerek yenmişti. Bunu bulunan bazı kemiklerdeki kesme izlerinden biliyoruz.

---

**Adı:** John Franklin
**Doğumu:** 15 Nisan 1786, Spilsby, İngiltere
**Ölümü:** 11 Haziran 1847, Kral William Adası yakınları, Kuzey Kanada
**Kayda değer başarıları:** Franklin çıktığı keşif seferinde Kuzeybatı Geçidi'ni aşamamış olsa da varlığını kanıtlamıştı. Erebus ve Terror adındaki iki gemisi, bugün Franklin Bölgesi adıyla anılan adalar labirentini başarıyla geçmişti. Mayıs 1847'de Franklin'in takımı Victoria ve Simpson Boğazlarını bağlayan bir deniz yolu bulmuştu. Mürettebattan kurtulan kimse olmasa da, bu yolun keşfedilişine dair kayıtlar 1859'da bulundu.

◀ *Franklin'in mürettebatından kimse hayatta kalmadı ve 1859'da bir arama ekibi keşif kolu üyelerinin bıraktığı bazı notları bulana dek bunun nasıl olduğu bilinemedi. Erebus ve Terror'un buzda sıkışmış, Franklin ile 23 kişi 11 Haziran 1847'de ölmüşlerdi. Hayatta kalanlarsa gemileri terk etmişti.*

## UZUN BEKLEYİŞ

16. yüzyıldan beri kâşiflerin Asya'ya giden kestirme deniz yolu "Kuzeybatı Geçidi"ni bulma çabaları sonuçsuz kalmıştı. Vitus Bering ve Franklin bu yolun varlığını kanıtlamış. Ancak Amundsen, Gjøa gemisiyle bu yolu kateden ilk kişi olduğunda, takvimler 1903-1906 arasını gösteriyordu. Buzkıran Manhattan, ilk kâşifin yelken açmasından 400 yıl sonra, 1969'da bu geçidi kullanan ilk ticaret gemisiydi.

Franklin Kutup bölgesinin soğuğunu kayda geçmişti: Çay bardağa konar konmaz donuyordu.

Yiyecek bitince adamlar karayosunlarıyla ve geyik postlarındaki kurtçuklarla idare etmişlerdi.

▼ *Franklin ikinci keşif seferinde Mackenzie Irmağı'ndan Kuzey Buz Denizi'ne inmişti. Franklin'in bu seferi, Alexander Mackenzie'nin 1789'da o zamanlar Büyük Nehir denen yere dair araştırmalarının sağlaması olmuş ve nehir ondan sonra Mackenzie'nin adıyla anılmıştı.*

# PEARY VE HENSON

AMERİKALI ROBERT E. PEARY KUZEY KUTBU'NA İLK ULAŞAN KİŞİ OLMAYI AKLINA KOYMUŞTU. BUNU ÇOK KİŞİ DENEMİŞTİ. PEARY DE DAHA ÖNCE ALTI KEZ DENEYİP BAŞARAMAMIŞTI.

50'lerine gelince 24 ekip ve 133 köpekten kurulu bir takımla son kez bu işe girişti. Sorunlar hemen boy gösterdi: Kızaklardan ikisi kırıldı ve tipide iki adamı kayboldu. Dondurucu soğuğa rağmen, Peary takımıyla yola devam etti.

Mart 1909'da Peary, eşliğinde Matthew Henson ve dört İnuit Yerlisi'yle son hamlesini yaptı. Nihayet 6 Nisan'da Kutup Noktası'na ulaştılar. Peary 24 saat orada kalarak doğru yere geldiğinden emin olduktan sonra güneye döndü. 60 yıl boyunca Kutup'a kimse yaya olarak ulaşamadı!

▼ *Peary köpek sürücüsü olarak dört tecrübeli İnuit tutmuştu. Daha beş günde, hem de sıcaklığın −30 derecenin de altında olduğu olağanüstü koşullarda, tam 250 km yol almayı başarmışlardı.*

## YAKINDAN BAKIŞ

Peary hayatta kalmak için eski ve yeni teknikleri karıştırdı. İnuitler gibi kürk giyip iglo yaptı. Destek ekipleri ve malzeme noktalarından oluşan bir sistem kurmuştu.

◄ *Peary kürk giyiyordu ama, yine de bacakları dizlerine dek donmuş ve ayak parmaklarının uçları ayakkabısıyla birlikte çıkmıştı!*

# PEARY VE HENSON

Adı: Robert Edwin Peary
Doğumu: 6 Mayıs 1856, Pennsylvania, ABD
Ölümü: 20 Şubat 1920, Washington DC, ABD

Adı: Matthew Alexander Henson
Doğumu: 8 Ağustos 1866, Maryland, ABD
Ölümü: 9 Mart 1955, New York Eyaleti, ABD

Kayda değer başarıları: Bahriyeli Peary, takım arkadaşı Henson ve dört İnuit (Oatah, Egingwah, Ookeah ve Seegloo) -her ne kadar rakibi Dr Frederick Cook Kutup'a ilk gidenin kendisi olduğunu iddia etse de- Kuzey Kutbu'na ilk ulaşan kişiler olarak tanınır. Bu işi, Kutup bölgesinde neredeyse 20 yıl süren keşif çalışmalarından ve sekiz denemeden sonra başarmışlardı. 1891'den 1895'e Grönland'a birkaç keşif seferi düzenleyerek, buranın bir ada olduğunu kanıtlamış ve oradan dev göktaşları getirmişlerdi.

## İLK ULAŞAN KİMDİ?

Matthew Henson Kutup'a muhtemelen Peary'den 45 dakika önce ulaşmıştı. ABD'li bir zenci olan Henson ve Peary 1888'de bir şapkacıda tanıştıktan sonra bütün seferlere birlikte çıkmışlardı. Peary Henson'ı ilkin Nikaragua'daki bir keşif gezisi için tutmuş, onun yön tayini konusundaki becerilerinde etkilenerek Kuzey Kutbu'na düzenlediği seferlerde de yanına almıştı. Henson kızak kullanmakta ve İnuitlerle iyi ilişkiler kurmakta da usta çıkmıştı.

▶ Henson, Peary ile İnuitler arasında çevirmenlik yapmış.

# AMUNDSEN VE SCOTT

PEARY KUZEY KUTBU'NA ULAŞTIĞINDA, KÂŞİFLER GÖZLERİNİ GÜNEY KUTBU'NA DİKECEKTİ. AYNI ANDA İKİ KÂŞİF YOLLARA DÜŞTÜ: İNGİLİZ BAHRİYESİNDEN ROBERT SCOTT VE NORVEÇLİ KÂŞİF ROALD AMUNDSEN.

Scott'un yarışmak gibi bir beklentisi yoktu. Amundsen'in Kuzey Kutbu'na gideceğini sanıyordu. Amundsen, Scott ve adamlarına planını değiştirdiğini, Atlas Okyanusu'nu aşarken söyledi. 1911'de iki takım da Antarktika'daydı. Dönüş yolu için malzeme depoları kurarak kışı kulübelerde geçirdiler.

Antarktika'da yazın başı olan 19 Ekim'de, Amundsen'in takımı yola çıktı. Buzda hızla yol aldılar ve talihin de yardımıyla Transantarktika Dağları'nda bir geçit keşfettiler. Korkunç tipilere ve Şeytan'ın Dans Salonu denen yerdeki buz yarıklarına rağmen, 14 Aralık 1911'de Kutup'a vardılar.

**HAYATTA KALMA BECERİLERİ**

Amundsen Kuzey Kutup Bölgesi'nin yerli halkı İnuitlerden çok şey öğrenmişti. Buzda kızak ve köpeklerden yararlanıyor, aşırı soğuktan da kızak köpeği kürküyle korunuyordu.

▶ *Güney Kutup Noktası'nda Norveç bayrağı önünde poz veren Amundsen, beş kişilik takımıyla −3000 km yolu sadece 99 günde yaparak− Kutup'a giderek üssüne geri dönmüştü.*

# AMUNDSEN VE SCOTT

Adı: Roald Engelbert Amundsen
Doğumu: 18 Temmuz 1872, Borge, Norveç
Ölümü: 18 Haziran 1928, Kuzey Kutup Bölgesi
Kayda değer başarıları: Amundsen 1911'de Güney Kutbu'na ulaşan ilk keşif seferinin lideriydi. Hayatı boyunca kutup kâşifi olmayı düşlemiş, ancak 1903-1906 döneminde bu alanda adını duyurmuştu. Gjøa gemisinde, altı kişilik mürettebatıyla Kuzeybatı Geçidi'nden başarıyla geçmişti. Bu yolculukta Manyetik Kuzey Kutbu'nu da keşfetmişti. Amundsen 1920'lerde Kuzey Kutup Bölgesi'nde havadan ayrıntılı bir keşif seferi yürütmüş ve Kuzey Kutup Noktası'ndan uçakla geçen ilk ekipte yer almıştı. Ne var ki Haziran 1928'de mahsur kalan kâşifleri kurtarmaya giderken uçağı düştü ve kayboldu.

▲ Amundsen'in takımı buz patenleri ve köpeklerin çektiği kızaklarla buzda hızla yol almıştı. Bu dayanıklı köpekler, yiyecek tükendiğinde yenebiliyorlardı da. Dönüş yolculuğunda Amundsen yemek üzere 22 köpeği öldürmüştü.

## AHESTE KEŞİF

Scott da Amundsen de "Kutup keşiflerinin babası" Fridtjof Nansen'den (1861-1930) yardım görmüşlerdi. Nansen, gemisi Fram Sibirya kıyılarında donan denizde mahsur kaldığında, onu üç yıl kendi haline bırakmıştı. Köpekler ve kızakların da yardımıyla Kuzey Kutbu'nun 320 km yakınına dek gitmişti –bu o zaman için bir rekordu.

▶ Fram buzda ezilip bükülmeyecek biçimde özel olarak tasarlanmıştı.

Amundsen Güney Kutbu'na ulaştığında Scott onun 580 km gerisindeydi. Beş kişilik takımı kızakla Beardmore Buzulu'na tırmanmış, kutup yaylalarında yol alıyordu. 81 tekdüze günden sonra Scott da Güney Kutbu'na ulaştı –ve Norveç bayrağı ile Amundsen'in mesajlarını buldu. Adamları, yarışı kaybetmiş olmanın hüsranı içinde dönüş yoluna koyuldular.

Scott'un yolculuktan zaten bitkin düşmüş haldeki takımı, bitmek bilmez kar fırtınaları ve ortalamanın altındaki sıcaklıklarla darbe üstüne darbe yedi. Düşerek yaralanan 'Taff' Evans aşırı soğuktan öldü. Lawrence 'Titus' Oates bir kar fırtınasının içine yürüdü ve bir daha onu gören olmadı. Bir fırtına son kalanları –Scott, Henry Bowers ve Edward Wilson– çadırlarında sekiz gün hapis tuttu. Açlıktan bitkin düşerek öldüklerinde malzeme depolarına sadece 18 km uzaktaydılar. Amunden yarışı kazanmış, ancak cesareti Scott'u kahraman yapmıştı.

> **Scott keşif günlüğünü tutmayı, öleceğini anladığı halde ihmal etmemişti.**

> **"Tabii ki zayıf düştük ve artık sonumuz hiç uzak değil" diye yazmıştı.**

> **Son yazdıkları şöyleydi: "Üzücü gelse de, sanırım daha fazla yazabilecek halim yok."**

---

Adı: Robert Falcon Scott
Doğumu: 6 Haziran 1868, Davenport, İngiltere
Ölümü: 29 Mart 1912, Antarktika

Kayda değer başarıları: Albay Scott ve adamları Güney Kutbu yarışını kaybettiyseler de cesaretleriyle hatırlanırlar. Scott'tan Antarktika'daki 1901-1904 keşif seferini yönetmesi istendiğinde, Kutuplara gitmişliği yoktu. Yine de takımı Kutup'un 725 km yakınına dek gidip dönmüştü. Haziran 1910'da yine *Terra Nova* gemisiyle Antarktika'ya gitmiş ve Amundsen'den bir ay sonra 18 Ocak 1912'de Güney Kutbu'na varmıştı. Scott'un destansı yolculuğunun sürükleyici günlüğü, daha sonra yayınlandığında çok satan bir kitap olmuştu.

◀ Scott ve takımı Güney Kutbu'na vardıklarında, Norveç bayrağı ile Amundsen'in hava koşullarını ölçmek üzere adamlarıyla birlikte üç gün kaldığı çadırını bulmuşlardı.

## YAKINDAN BAKIŞ

12 Kasım 1912'de bir arama ekibi, çökmüş çadırlarının içinde Scott, Bowers ve Wilson'un donmuş cesetleriyle Scott'un günlüklerini ve değerli bilimsel kayıtlarını bulmuştu.

▼ Arama ekibi Scott'un cesedini bulduğunda, günlüğünün yanında topladığı jeolojik örnekleri de bulmuştu. Oradan ayrılmadan önce de, ölen kaşiflerin anısına bir taş kurgan yapmışlardı.

### EFSANEVİ CESARET

Scott'un takımı cesaretleriyle de ün salmıştı. Albay Oates donan bacakları ve ayaklarına dayanamaz durumdaydı. Diğerlerini yavaşlattığının ve hayatlarını tehlikeye attığının farkındaydı. Zamanları azalıyordu. Herkes iskorbüte ve kar körlüğüne yakalanmıştı ve yakıt depoları sızdırıyordu. 17 Mart 1912 günü Oates çadırdan çıkarak, fırtınanın içine doğru yürüdü. Diğerlerini kurtarmak için bile bile kendini feda ediyordu. Son sözleri, "İşte gidiyorum, belki başka sefere," olmuştu. O gün 32. yaşgünüydü.

# DOUGLAS MAWSON

DOUGLAS MAWSON BÜYÜK OKYANUS ADALARININ KEŞFİYLE İLGİLENEN, AVUSTRALYALI BİR BİLİM İNSANIYDI. 1907'DE KAR FIRTINALARINI HİNDİSTANCEVİZİNE TERCİH EDEREK, ERNEST SHACKLETON'UN ANTARKTİKA'DAKİ KEŞİF SEFERİNE KATILDI.

Dört yıl sonraysa Mawson, Antarktika kıyılarının haritasını çıkaran bir keşif kolunun başındaydı. Aurora gemisiyle buzlu denizde 1500 km yol yaparak, Ocak 1912'de Antarktika kıyısına vardı. Cape Denison'da fırtınalarla geçen bir kıştan sonra, keşif kolu üçe ayrıldı. Mawson, Dr. Xavier Mertz, Teğmen Belgrave Ninnis ve 17 köpekle yola koyuldu.

Zorlu hava koşulları ve çetin bir araziyle mücade ettiler. Mertz ve Ninnis ölünce, Mawson tek başına ve yiyeceksiz kaldı. Islıklar çalan rüzgârların ve derin buz yarıklarının arasında, 160 km'lik inanılmaz bir yolculukla üsse geri vardı – ve Aurora'nın az önce yola çıktığını gördü. Neyse ki onu aramak üzere beş adam kalmıştı. Orada bir kış daha geçirdikten sonra kurtarıldılar.

**Adı:** Douglas Mawson
**Doğumu:** 5 Mayıs 1882, Shipley, İngiltere
**Ölümü:** 14 Ekim 1958, Adelaide, Avustralya
**Kayda değer başarıları:** Mason Antarktika'yı keşfe çıkan ilk bilim adamlarındı. Güney Manyetik Kutbu'na ulaşmak için T.W.E David'le birlikte 2000 km yol yapmışlardı. 1911-1914'te yönettiği Avustralasya Antarktika Keşif Seferi'nde 3000 km'lik kıyıların haritası çıkartıldı. 1929-1931'de yönettiği İngiliz, Avustralya ve Yeni Zelanda'nın ortaklaşa seferinde, az bilinen 4000 km'lik kıyıların haritası çıkartıldı.

Mawson'un iddiasına göre, Cape Denison üssü dünyanın en rüzgârlı yeriydi.

1911-1914 keşif seferini anlattığı kitabının adı "Kar Fırtınasının Memleketi"ydi.

## YAKINDAN BAKIŞ

Mawson ile Mertz ölmemek için kızak köpeklerini yemek zorunda kalmış, hiçbir parçasını da ziyan etmemişlerdi. Ne var ki, köpek karaciğerindeki A vitamini iki kâşifi de zehirledi.

▼ Ernest Shackleton'ın 1907-1909'daki Antarktika keşif seferine katılan Mawson, 3500 m yüksekliğindeki buzla kaplı Erebus Dağı'na ilk tırmanan ekibin de üyesiydi.

▲ Mawson yapılı, olağanüstü zinde ve dayanıklı bir adamdı. Aşırı soğuklara dayanabilmesiyle de ünlüydü.

### ÖLÜMLE MÜCADELE

Yürüyüşlerinin beşinci haftasında, Ninnis yiyeceğin çoğuyla birlikte derin bir buz yarığına düştüğünde, Mawson ile Mertz üsse dönmeye karar verdiler. Mawson daha sonra, "Ölümle bir mücadeleydi" diye yazmıştı. Mertz de öldüğünde, Mawson tek başına yola devam etti. O da bir buz yarığına düştü ve kızağının bir buz çıkıntısına takılmasıyla kurtuldu. Onu kızağa bağlayan ipi kesmek üzereyken, içindeki bir ses kendini bırakmamasını söylemişti.

# ERNEST SHACKLETON

**S**HACKLETON ADAMLARINA OLAĞANDIŞI BİR GÜVEN AŞILAMIŞTI. ANTARKTİKA'YI YAYA OLARAK AŞMAK İÇİN BAŞLAYAN BİR SEFERİN ÖNDERİYDİ.

Ocak 1915'te Shackleton'un gemisi Endurance deniz buzunda kısılıp kaldı. 10 ay boyunca buzla birlikte sürüklenmiş, giderek ezilmiş, sonunda da batmıştı. En ufak bir kurtuluş ümitleri yokken, Shackleton adamlarını 290 km yürüterek, dev bir kaya olan Elephant (Fil) Adası'na götürdü. Oradan beş adamıyla birlikte, yeryüzünün bu en soğuk ve amansız denizinde, 1300 km uzaktaki Güney Georgia Adası'na yelken açtılar.

İnanılmazdı ama, 16 günde oraya varmışlardı. Shackleton iki adamıyla, bu buzlu ve dağlık adanın kuzey ucundaki balinacı barınağına giderek kurtarma seferini başlattı. Adamlarının güvenini boşa çıkartmamış, önderliği sayesinde 27 kişilik mürettebatın tamamını kurtarmıştı.

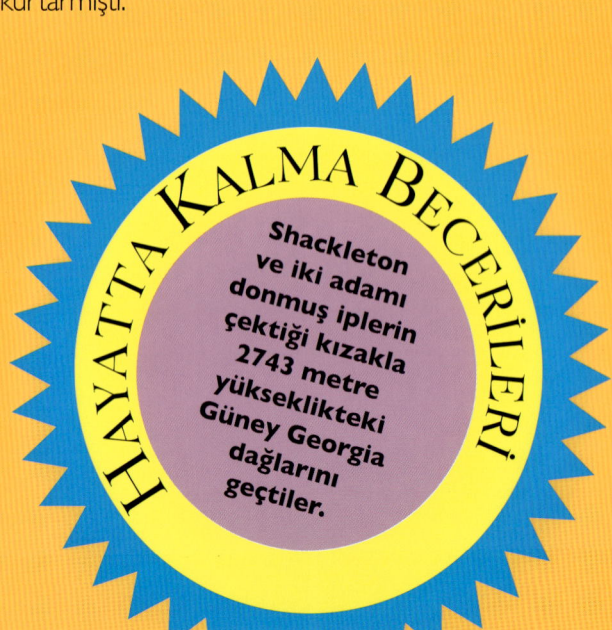

## HAYATTA KALMA BECERİLERİ

Shackleton ve iki adamı donmuş iplerin çektiği kızakla 2743 metre yükseklikteki Güney Georgia dağlarını geçtiler.

---

Adı: Ernest Henry Shackleton
Doğumu: 15 Şubat 1874, Kilkea, İrlanda
Ölümü: 5 Ocak 1922, Güney Georgia Adası, Antarktika açıkları

Kayda değer başarıları: Shackleton, Antarktika'yı yaya olarak geçmek üzere yola çıkan takımını taşıyan Endurance'ın batmasından sonra, mürettebatını kurtarmasıyla tanınır. Ancak zaten Nimrod Keşif Seferi'nde (1907-1909) yönettiği ekibin kızaklarla Kutup Noktası'na 156 km yaklaşmasıyla ünlenmişti. Aynı seferde T.W.E. David'in yönettiği bir başka ekip de Güney Manyetik Kutbu'na ulaştı. Shackleton İngiltere'ye döndüğünde şövalye ilan edilmişti.

ERNEST SHACKLETON  109

◀ Shackleton Büyük Okyanus'un güneyini 7 m'lik bir filika olan James Caird ile turlamıştı. Sadece buzdağları, fırtınalar ve 20 m'lik dalgalarla boğuşmamışlar, mürettebat durmaksızın buz tutan kayığın batmaması için buzu kazımak zorunda kalmıştı.

> Shackleton, cesur insanları kendisini izlemeye ikna konusunda doğuştan yetenekli bir liderdi.

> Elephant Adası'nda bıraktığı adamları avladıkları penguen ve foklarla hayatta kalmışlardı.

> Adada neredeyse kovuk bile olmadığından, ters çevrilmiş iki filikanın altında yaşamışlardı.

▼ Endurance deniz buzunda kısılıp ezilerek batmıştı. Shackleton'ın adamları Elephant Adası'na gidene dek, dört ay, yüzen buzun üzerinde yaşamışlardı.

# DÜNYA'NIN ÇEVRESİNDE

deniz • deniz • ve daha da çok deniz!

DAHA 500 YIL ÖNCESİNE KADAR, İNSANLAR DENİZLERİN DENİZKIZLARI, CANAVARLARI VE DEVLER GİBİ **ACAYİP YARATIKLAR** İLE DOLU OLMASINDAN KORKARDI. **OKYANUSLARA AÇILMAK** DEHŞET DOLU BİR DÜNYAYA YELKEN AÇMAK DEMEKTİ.

# Dünya'nın Çevresinde

Bütün rizikolara rağmen, Macellan ve Francis Drake gibi 16. yüzyılın gözü pek denizcileri, küçücük gemiler ve en basit yer ve yön tayin araçlarıyla, Dünya'nın çevresinde dolanmışlardı.

Günümüzde Yeryüzü çok daha küçülmüş gibi görünüyor. Uydular gezegenimizin her karışının fotoğrafını çekerek yolluyor. İnsanların gitmediği pek az yer kaldı. 1952'de Tenzing Norgay ve Edmund Hillary en yüksek dağ olan Everest'e tırmandı. 1960'ta ise Jacques Piccard okyanusların en derin yeri olan Mariana Çukuru'na indi.

Daha Yerküre'nin keşfi tamamlanmadan, insanlar bambaşka ufukları keşfe çıkmaya koyulmuştu bile: uzay. Yiyecek peşinde yeryüzüne dağılan ilk insanlardan bu yana epeyce yol almamıza rağmen, hâlâ uzaya bakarak aynı merakı duyuyoruz: "Acaba orada ne var?"

### NEDEN GİTMİŞLERDİ?

- **TİCARET:** Denizciler genellikle, Baharat Adaları gibi ticari önem taşıyan yerlere kestirmeden gitmenin yolunu arıyorlardı.
- **KORSANLIK:** Francis Drake, sırf Büyük Okyanus'taki İspanyol gemilerine saldırıp, taşıdıkları altını çalmak için dünyanın çevresinde dolanmıştı.
- **MERAK:** Bazı Avrupalılar, gezegenimizin güney tarafındaki insanların başaşağı ve kafadan bacaklı olarak yaşadıklarını zannederdi.

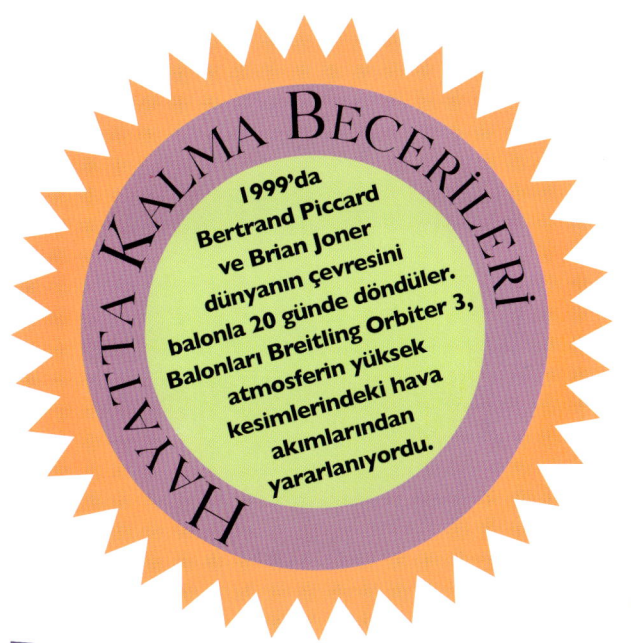

DÜNYA'NIN ÇEVRESİNDE  **113**

## HAYATTA KALMA BECERİLERİ

1999'da Bertrand Piccard ve Brian Joner dünyanın çevresini balonla 20 günde döndüler. Balonları Breitling Orbiter 3, atmosferin yüksek kesimlerindeki hava akımlarından yararlanıyordu.

▲ Kraliçe I. Elizabeth, 1570'lerde dünyayı denizden dolaşan Francis Drake'i şövalye ilan etmişti.

◄ Dame Ellen McArthur 2005'te yeryüzünü denizden hiç durmadan dolaşma rekoru kırmıştı: 71 gün, 14 saat.

### ANAHTAR
- →  Macellan (yeşil)
- --→ Macellan'ın gemileri
- → Drake (kırmızı)
- • Önemli yerler

**Yer adları:** KUZEY AMERİKA, AVRUPA, ASYA, AFRİKA, GÜNEY AMERİKA, OKYANUSYA, ANTARKTİKA, ATLAS OKYANUSU, HİNT OKYANUSU, BÜYÜK OKYANUS, Plymouth, Seville, YEŞİLBURUN ADALARI, Port Guatulco, Lima, Valparaiso, Rio de Janeiro, San Julián, MACELLAN BOĞAZI, Tierra del Fuego, Plate Ir., ÜMİT BURNU, BAHARAT ADALARI, Mariana Adaları, Macellan'ın ölümü

Sınırlar ve günümüzdeki bazı ülke adları gösterilmemiştir.

1500 km

# FERDINAND MACELLAN

ONA PEK AZ KİŞİ İNANIYORDU, ANCAK KAPTAN FERDINAND MACELLAN BATIYA GİDEREK DOĞU ASYA'YA VARILABİLECEĞİ KONUSUNDA ISRARLIYDI.

Eylül 1519'da Macellan beş küçük gemi ve 280 adamla Seville'den yelken açtı. Yolculuk zorluklar ve isyanlarla geçti. Mart 1520'de gemilerden biri fırtınada battı. Ekim'de bir başkası, yiyecek ve içeceğin çoğuyla birlikte geri döndü.

Macellan "Sakin Okyanus" adını verdiği "Güney Denizi"ni, yani Büyük Okyanus'u dört ayda geçti. Önce Guam'a, sonra da Filipinler'e ulaştı. Orada karıştığı yerel bir savaşta öldürüldü. Neyse ki gemilerinden ikisi Moluk Boğazı'na vardı ve Victoira batıya devam etti. 6 Ekim 1522'de dünyayı dolanmış ilk gemi olarak İspanya'ya ulaştı.

---

**Adı:** Ferdinand Macellan
**Doğumu:** 1480, Oporto, Portekiz
**Ölümü:** 1521, Mactan, Filipinler
**Kayda değer başarıları:** Macellan denizcilik tarihinin en büyük başarılarından birine imza atmıştı. Güney Amerika'nın etrafından dolanarak batıya giderek Baharat Adaları'na varacağına dair umudunu gerçeğe döndürmüştü. Oraya varmış, ancak Filipinler'de öldürülmüştü. Yine de dünyanın çevresindeki yolculuğunu, bu noktadan sonra, daha önce doğuya giderek, Filipinler üzerinden Güney Çin Denizi'ne ulaştığı rotasıyla çakıştırmayı başarmıştı.

---

## MACELLAN BOĞAZI

Güney Amerika kıyıları boyunca seyreden Macellan, Ekim 1520'de Büyük Okyanus'a giden kestirme bir yol bulma umuduyla ufku gözlüyordu. Gerçekten de 580 km'lik boğazdan (ki sonradan onun adıyla anılacaktır) geçmek bir aylık bir mücadeleye mal olmuştu. İki yanındaki karlı dağlar, iki yakada da ufku kapatıyordu ve denizin kayalık dibi demir atmaya olanak bırakmıyordu. Bazen gemileri kürek gücüyle giden sandallarla çekmek gerekmişti. Yol boyunca adalarda pek çok ateş gördüğü için buralara Tierra del Fuego, yani Ateş Toprakları adını verdi. Macellan ateşleri, filosunu tuzağa düşürmek isteyen yerli kabilelerin yaktığından korkmuştu.

# FERDINAND MACELLAN

▶ Macellan'ın beş gemisinden sadece biriyle, adamlarından 18'i dünyanın çevresindeki yolculuğu tamamlayabildi. Birebir kopyası fotoğrafta görülen Victoria'nın, Kaptan Sebastian del Cano'nun idaresinde yolculuğu tamamlaması üç yıl sürmüştü.

> Brezilya'daki Guarani Yerlileri Macellan'ı onlara hediyeler getiren bir tanrı zannetmişti.

> Mürettebat Mariana Adaları'nda kalkanlarını insan saçıyla süslemiş savaşçılara raslamıştı.

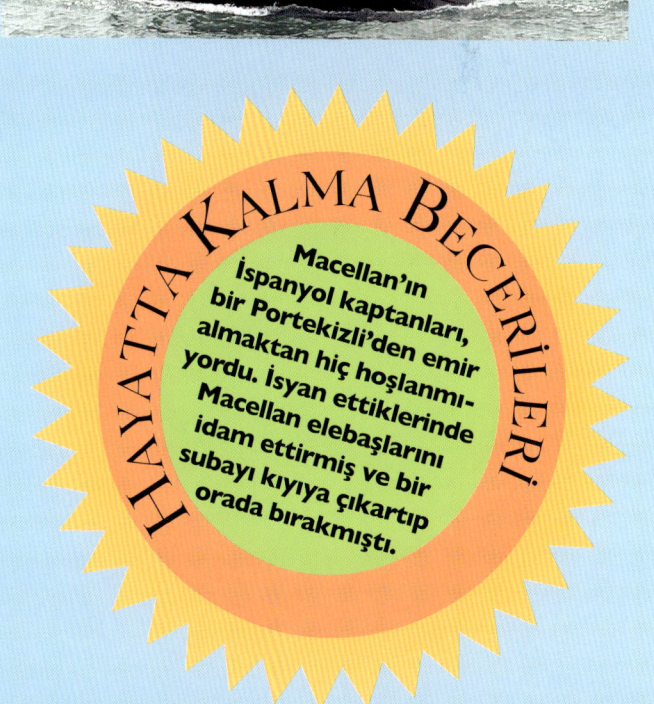

## HAYATTA KALMA BECERİLERİ

Macellan'ın İspanyol kaptanları, bir Portekizli'den emir almaktan hiç hoşlanmıyordu. İsyan ettiklerinde Macellan elebaşlarını idam ettirmiş ve bir subayı kıyıya çıkartıp orada bırakmıştı.

◀ 2 Nisan 1520'de beş gemiden ikisinin kaptanının katıldığı bir isyan çıktı. Ancak mürettebat Macellan'a bağlı kaldığından, isyan başarıya ulaşamadı.

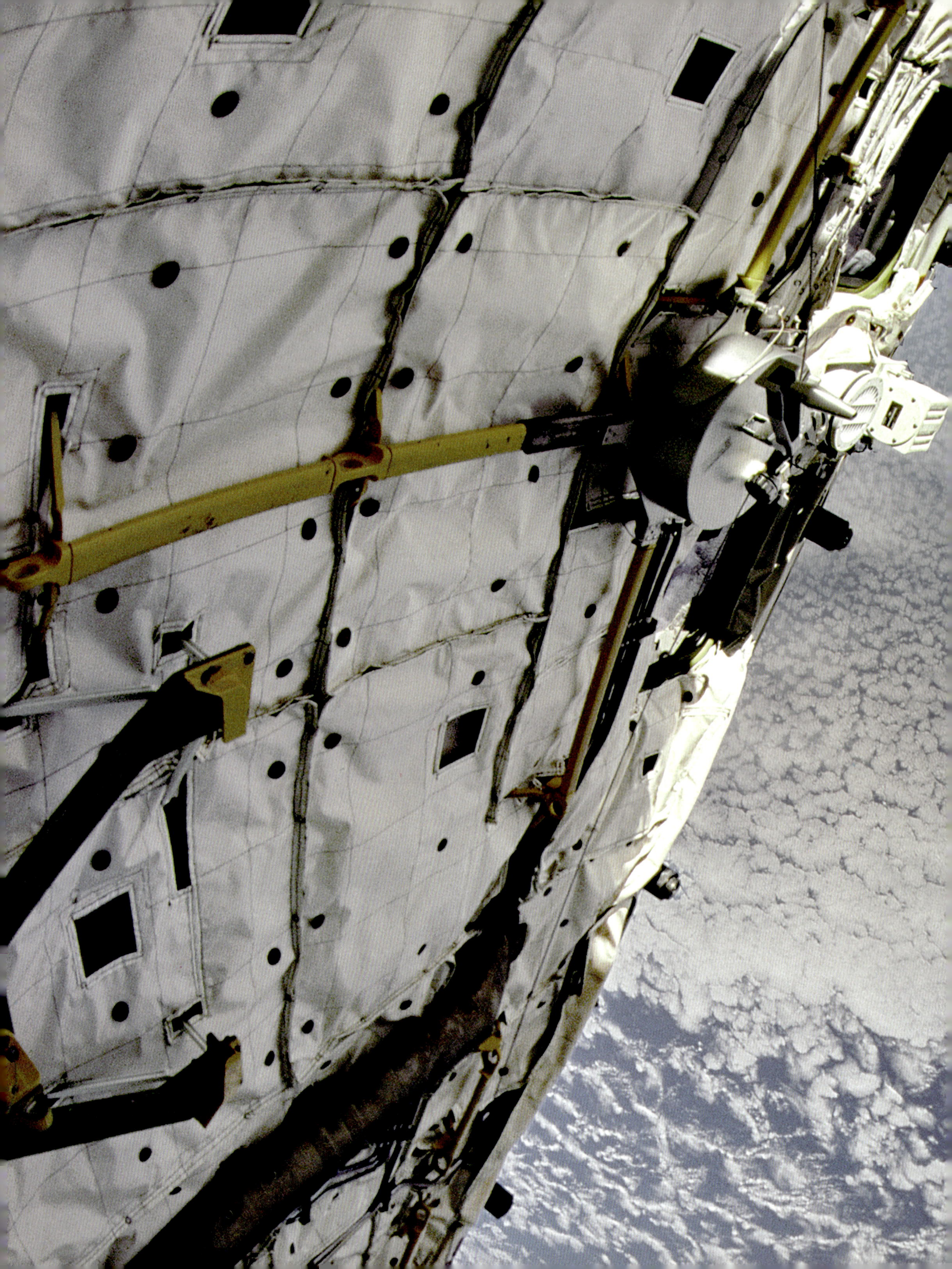

# GELECEĞİN UÇ SINIRLARI

## gezegenler • dış uzay • denizlerin derinleri

# DENİZLER

**Y**İRMİNCİ YÜZYIL SONLARINA DEK DENİZ TABANINA YOLCULUĞUN ANCAK DÜŞÜ KURULABİLİRDİ. 23 OCAK 1960'TA JACQUES PICCARD VE DONALD WALSH, TRIESTE İLE OKYANUS TABANINA İNDİ.

Filipinler açıklarındaki 10.916 m'lik Mariana Çukurluğu'na iniş beş saat kadar sürmüştü. İki adam okyanus tabanında sadece 20 dakika geçirdilerse de, hâlâ Yeryüzü denizlerinde onlardan daha derinlere inen kimse olmadı.

Daha sonra 1977'de üç kişilik bir sualtı aracı olan Alvin, Ekvador açıklarında 2,5 km derinlikteki sıcak su kaynaklarını ve burada yaşayan dev deniz solucanları ve kocaman istiridyeleri keşfetti. Denizlerin en derinlerinde başka hangi yaratıkların kol gezdiğini kim bilebilir ki?

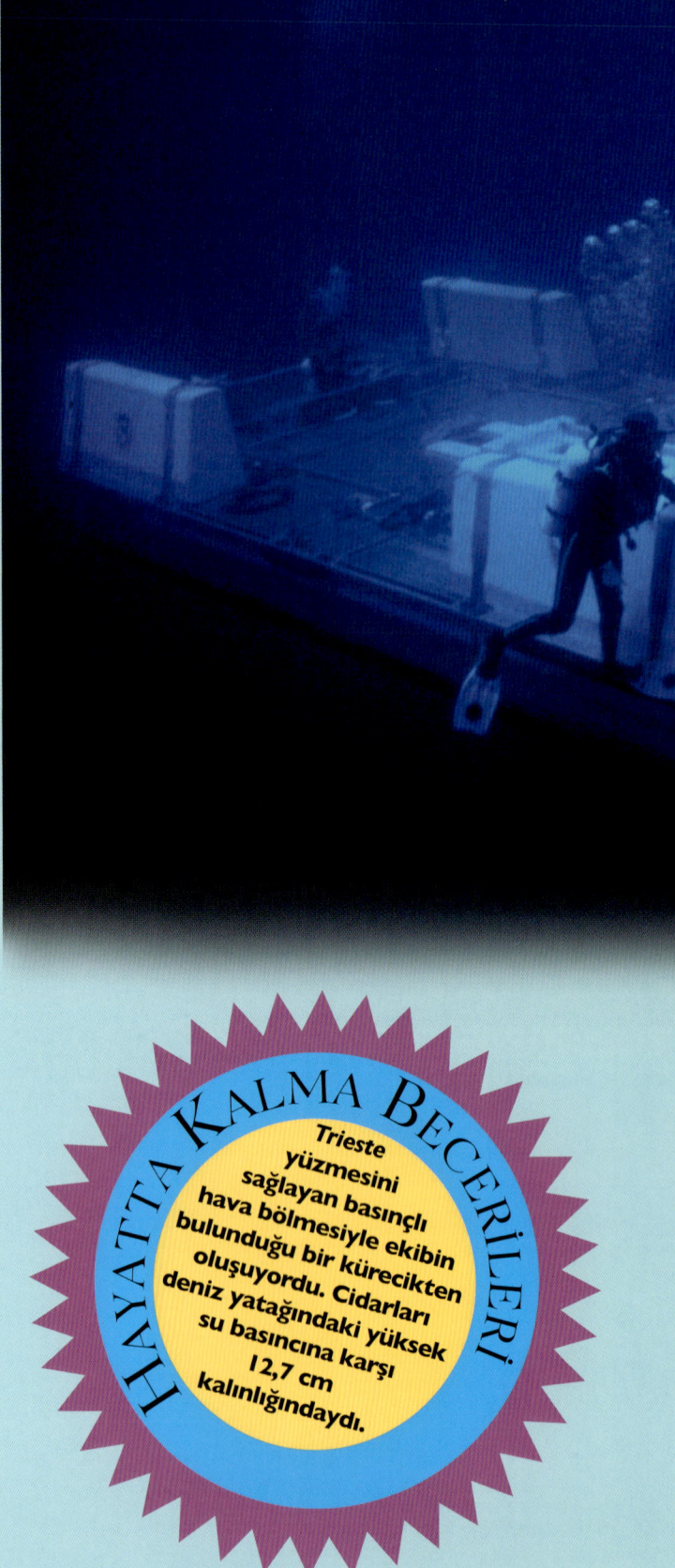

**HAYATTA KALMA BECERİLERİ**
Trieste yüzmesini sağlayan basınçlı hava bölmesiyle ekibin bulunduğu bir kürecikten oluşuyordu. Cidarları deniz yatağındaki yüksek su basıncına karşı 12,7 cm kalınlığındaydı.

◀ Deniz dibinde günışığının hiç ulaşmadığı yerlerdeki alışılmadık canlılar, yeryüzündeki yaşam biçimlerine yönelik anlayışımızı değiştirdi. Yaşamın Güneş olmadan da var olabileceğini kanıtladı.

DENİZLER 119

1624'lerde bir Flaman mucidi olan Corneilus van Drebel ilk denizaltıyı denemesini yapmıştı.

1958'de ABD denizaltısı Nautilus, Kuzey Kutbu'nu deniz ve buz altından ilk kez geçmişti.

◀ Derin dalışlar için tasarlanmış sualtı aracı Deep Rover iki kişiyi 1000 m derinliğe dek indirebilir. Sualtı inşaatlarında kullanılan platformlar gibi donanımları da çekebilir.

## DERİN DENİZ DALGICI

Sylvia Earle bir sualtı uzmanı ve deniz biyologudur. 60 keşif gezisi ve 7000 saatlik dalışın sonucunda pek çok yeni canlı türü keşfetmiş ve dalış rekorları kırmıştır. Hawaii açıklarında bir denizaltıya bağlanmış olarak indiği 385 m'lik deniz tabanında, onu çok yüksek basınçtan koruyan takviyeli dalgıç elbisesiyle yürümüştü.

▶ Bağımsız Sualtı Soluma Aygıtı, ya da İngilizce kısaltmasıyla SCUBA, dalgıçlara solumaları için gereken oksijen ve diğer gazları sağlayarak sualtında saatlerce kalmalarını sağlar.

# UZAY

ABD'Lİ ASTRONOT NEIL ARMSTRONG 21 TEMMUZ 1969'DA AY'A İLK AYAK BASAN İNSAN OLDU. OLAYI UNUTULMAZ SÖZLERİYLE ŞÖYLE DİLE GETİRMİŞTİ: "BENİM İÇİN KÜÇÜK, İNSANLIK İÇİN BÜYÜK BİR ADIM."

Üç kişilik takım, Apollo ile üç gün önce Florida'dan uzaya fırlatılmıştı. Armstrong ve Buzz Aldrin Ay Modülü'nün Ay yüzeyine indirmiş ve orada 21 saat geçirmişlerdi.

Uzay Yarışı, II. Dünya Savaşı'ndan sonra Sovyetler Birliği ve ABD arasında, uzaya ilk yollanan uydularla başladı. 1961'de Sovyet kozmonotu Yuri Gagarin uzaya çıkan ilk insan oldu. 1980'den beri iki eski rakip uzay araştırma merkezinin işbirliğiyle Uluslararası Uzay İstasyonu kuruldu ve astronotlar tekrar kullanılabilen mekiklerle uzaya gitti.

## HAYATTA KALMA BECERİLERİ

Uzay yolculuğu çok tehlikelidir. Uzay mekiği Challenger 1986'da kalkış sırasında patladı, 2003'teyse Columbia iniş sırasında parçalandı. İki kazada da araçlardaki herkes öldü.

▲ Apollo uzay programı, 20. yüzyılın en iddialı projelerinden biriydi. Üç aşamalı Satürn V roketleriyle uzaya fırlatılan 17 ayrı kapsül uzaya gitmiş, bunlardan altısı mürettebatı Ay'a dek götürmüştü.

UZAY **121**

## MARS'TAKİ ROBOTLAR

Dış uzay söz konusu olduğunda, insan kâşiflerin yerini robotlar alır. 1975'te iki Viking uzay aracı veri toplamak üzere Mars'a indi. Ocak 2004'teyse Spirit ve Opportunity adlı iki robot, kızıl gezegenin diğer yanına kondu. Gezegende kilometrelerce araştırmalar yapan robotlar hâlâ sapasağlam. Buldukları tuzlu toprak, Mars'ta bir zamanlar yaşamın sürmesine yetecek derecede su olduğuna işaret ediyor! Gelecekte Mars'a yollanabilecek bir seyyar laboratuvarda, yeraltı su kaynaklarını araştıracak sondaj robotları da yer alabilir.

▼ Opportunity, Mars'taki kayaları ve gezegen yüzeyindeki başka maddeleri inceleyerek verileri Yeryüzü'ne gönderiyor.

▲ Robot kollarından birine takılı bir kameranın, Yerküre'ye tepeden bakarken görüntülediği uzay mekiği, pek çok kez kullanılabilecek biçimde tasarlanmıştır. İlk roketler yalnızca bir kez kullanılabildikleri için uzay yolculukları çok masraflı oluyordu.

# BÜYÜK KÂŞİFLER VE GEZGİNLER

Bu kitapta yer alan kâşifler ve gezginler, yeni ülkeler bulmak için yola çıkanlardan sadece küçük bir bölümüdür. Türk dünyasının daha az tanınan kâşiflerine karşılık, birer okyanus ülkesi olan İngiltere ile İrlanda'nın kökleri 16. yüzyıla inen keşif gelenekleri vardır. 16. yüzyılda Atlas Okyanusu'nu aşarak Yeni Dünya'ya giden denizcilerle başlayan bu gelenek, 18 ve 19. yüzyıllarda Afrika ve Avustralya'ya giden öncülerle devam etti. Bu kâşifler sayesinde İngiltere, Dünya'nın neredeyse her yerinde toprakları bulunan dev bir imparatorluk kurdu. Misyonerler ile araştırmacı bilim insanları da bu geleneğin bir parçasıdır.

---

**THOMAS ATKINSON (1799-1861)**
1850'lerde karısı Lucy ile birlikte, pek az Avrupalı'nın ayak bastığı Doğu Rusya ve Orta Asya'da yaptıkları 64.000 km'yi bulan yolculukları sırasında, suluboya resimler çizen İngiliz sanatçı. Lucy seyahatin büyük bölümünde, Çin-Rus sınırı civarında doğan oğluna bakmıştı.

**WILLIAM BAFFIN (Y.1584-1622)**
Kuzey Amerika'da Asya'ya giden deniz yolunu ararken, 1616'da Baffin Adası ile Baffin Körfezi'ni keşfeden İngiliz denizcisi. 300 yıl kadar sonra çağımız kâşifleri, Baffin'in keşfettiği körfezlerden birinin gerçekten de Asya'ya giden Kuzeybatı Geçidi'nin başlangıcı olduğunu doğrulamıştı.

**SADUN BORO (DOĞUM 1928)**
Doğduğu şehir İstanbul'da başlayan deniz tutkusu İngiltere'de tekstil öğrenimi gördüğü sırada yaptığı bir okyanus aşırı yelkenli seyahati ile perçinlendi. 1963-65 arasında inşa ettirdiği Kısmet'te eşi Oda ile dünya turuna çıktı. Ona dünyayı denizden dolaşan ilk Türk unvanını kazandıran 1963-65'teki bu gezisinin notlarını Pupa Yelken kitabında topladı.

**JOHN CABOT (Y.1450-1499)**
İtalya'da doğmuş, ancak 1495'te İngiltere'ye yerleşmişti. Kral VII. Henry'nin himayesi altında, 1497'de Matthew adındaki küçük bir gemiyle Kanada'ya gitti. 24 Haziran 1497'de Vikinglerden beri Kanada kıyılarına ilk ayak basan Avrupalı olarak tarihe geçti.

**TOM CREAN (1877-1938)**
Robert F. Scott ile kutuplara iki kez giden İrlandalı kâşif. 1911-13'teki Güney Kutbu'ndaki Terra Nova keşif seferinde takım arkadaşlarından ikisinin hayatını kurtarmak için gösterdiği cesaret ona Albert Nişanı kazandırmıştı. Shackleton'un 1914-16'daki Endurance keşif seferinde Crean, yardım getirmek üzere açık bir tekneyle Atlas Okyanusu'nun fırtınalarına göğüs gererek, Güney Georgia Adası'na ulaşan altı kişiden biriydi.

**WILLIAM DAMPIER (Y.1652-1715)**
Boş zamanlarında korsanlık yapan İngiliz kâşifi ve haritacısı. İngiliz Donanması'nda çalışan Dampier, Büyük Okyanus'un güneyi ile Avustralya'da kıyıların, akarsuların ve akıntıların haritasını çıkarırdı. Seyahatlerinde tuttuğu ve bir tayfunun Batılı gözüyle ilk betimini de içeren ayrıntılı notlarını daha sonra (1697'de) Dünya Etrafında Yeni Bir Seyahat adıyla yayımladı.

**CHARLES DARWIN (1809-1882)**
HMS Beagle ile bitki ve hayvan incelemeleri için dünya çevresinde beş yıl süren bir yolculuğa çıkan İngiliz bilim insanı. Darwin'in tüm gözlemlerini tuttuğu günlüğü, daha sonra insanların canlılarla ilgili düşüncelerini kökten etkileyen Türlerin Kökeni (1859) kitabını yazmasını sağladı.

**SIR FRANCIS DRAKE (1543-1596)**
İngiliz kâşif ve korsan. 1577-1580'de Golden Hind ile, Drake dünyanın çevresindeki ikinci yolculuğa çıkarak üç okyanusu da aşmıştı. Ülkesine döndüğünde, yolda İspanyol gemileri ile kolonilerden çaldığı altınla doldurduğu gemisinde memnun kalan I. Elizabeth ona şövalyelik unvanı verdi.

**EVLİYA ÇELEBİ (1611-?1683)**
Yaşadığı Osmanlı İmparatorluğu'nun sınırları dışına hiç çıkmadıysa da, neredeyse her köşesini gezdi. Belli güzergâhları anlatan yabancı gezginlerin seyahatnamelerinden farklı olarak, 17. yüzyıl Osmanlı coğrafyasını neredeyse eksiksiz olarak kayda geçti. Seyahatname'si hâlâ hem ilgiyle okunur hem de tarihçiler için önemli bir kaynaktır.

### SIR RANULPH FIENNES (DOĞUM 1944)

Guiness Rekorlar Kitabı'nın "yaşayan en büyük kâşif"i. Kutuplara, çöllere ve başka uzak yerlere 30'u aşkın keşif seferi düzenlemiştir. 1992'de Fiennes ve takım arkadaşları Umman'da "Çölün Atlantisi" denen Ubar kentini buldu. Ertesi yıl Mike Stroud'la beraber ve 225'er kg'lık bagajlarını çekerek Antarktika'yı bir uçtan diğerine yürüdüler.

### HENRY HUDSON (1565-1611)

Kuzey Amerika'nın kuzeybatısıyla Kuzey Buz Denizi'nin bazı bölümlerini keşfeden İngiliz kâşifi ve gemicisi. O da pek çoğu gibi Doğu Asya'ya giden deniz yolunu arıyordu. Hudson Irmağı, Hudson Boğazı ve Hudson Körfezi onun adını taşır. Hudson ile oğlu mürettebatla anlaşmazlığa düşünce, adamlar onları bir sandalla denize bırakmış ve bir daha onlardan haber alınamamıştı.

### PİRİ REİS (Y. 1465-1554)

Keşifler Çağı'nın dinamiğini yakalamış Osmanlı denizcisi. Akdeniz'de süren Osmanlı hakimiyetini perçinlemek için hazırladığı Kitab-ı Bahriye'si ile, denizden yeni açılan ticaret yollarında söz sahibi olabilmek için çizdiği tahmin edilen ve günümüze sadece Atlas Okyanusu'nun iki yakasını gösteren bölümü ulaşan dünya haritasıyla tanınır.

### SEYDİ ALİ REİS (1498-1562)

Keşiflerle birlikte Hint Okyanusu'nda deniz ticaretini denetlemeye girişen Portekiz'e karşı, Osmanlıların Hint Donanması kaptanı olarak savaştı. Gemilerini bir kasırgada kaybedince, mürettebatından bir grupla birlikte Gücerat, Afganistan, Türkmenistan ve İran üzerinden üç yılı aşkın sürede İstanbul'a döndü. Bu maceresını Miratü'l-Memalik (Ülkeler Aynası) kitabında topladı. Astronomi ve denizcilik üzerine de kitaplar yazdı.

### RABBAN SAVMA (Y. 1225-1295)

Türklerin Kuzey Çin'de yaşayan Öngüt boyuna mensup Nesturi rahibi ve seyyah. 1287'de Pekin'den Kudüs'e bir hac ziyareti yapmak üzere, Marko Polo'nun on beş yıl kadar önce batıdan çıktığı yolculuğa doğudan başladı. Ortadoğu'daki savaşlar dolayısıyla İlhanlı İranı'nda kaldı, hanın elçisi olarak İstanbul üzerinden Vatikan, Cenova, Paris ve Bordeaux'ya gitti. Yolculuk notları kısaltılmış olarak günümüze ulaştı.

### JOHN RAE (1813-1893)

Kanada'nın Kutup bölgelerini keşfeden İskoç kâşif, haritacı ve cerrah. Rae Kanada kıyılarının 2255 km'lik bölümünü ilk kez haritalamıştı. Sir John Franklin'i bulmak için üç arama kurtarma seferi düzenlemiş ve sonunda İnuitlerden Franklin'in nasıl öldüğünü öğrenmişti.

### SIR WALTER RALEIGH (1554-1618)

İngiliz kâşif, asker, tarihçi ve şair. Kuzey Amerika'ya pek çok keşif seferi düzenlemiş ve doğu kıyısında (Meryem Ana'dan ilhamla) Virginia adını verdiği koloniyi kurmuştu. Efsanevi altın diyarı El Dorado'yu bulmak için G. Amerika'da Guyana'ya da bir keşif seferi düzenledi.

### JOHN ROSS (1777-1856)

K. Amerika'dan Asya'ya uzanan Kuzeybatı Geçidi'nin bulmak için Kuzey Buz Denizi'nde iki keşif seferine çıkan İskoç bahriye subayı. 1829'da buhar gücüyle çalışan gemisi buzda sıkıştığında, Ross ve takımı dört yıl kurtarılmayı bekledi. Bu arada eski bir gemi enkazında buldukları yiyecekle idare ettiler. Beklerken birkaç keşfe daha çıktılar ve yeğeni James Clark Ross, Güney Manyetik Kutbu'nu keşfetti.

### ALEXANDER SELKIRK (1676-1721)

Kaptanıyla tartıştığı için Büyük Okyanus'ta Şili kıyısının 400 mili açığındaki ıssız bir adaya bırakılan İskoç denizci. Dört yıl hayatta kalmayı başarmış ve sonunda kurtarılmıştı —ancak bu arada konuşmayı bile unutmuştu. Ülkesine döndükten sonra hikâyesi Daniel Defoe'nun Robinson Crusoe'suna esin kaynağı olacaktı.

### HESTER LUCY STANHOPE (LADY STANHOPE) (1776-1839)

1809'da erkek kardeşi ile sevgilisini Fransızlarla savaşta kaybettikten sonra, Osmanlı Suriyesi'ne yerleşen İngiliz aristokrat. Avrupalıların –hele kadınların– nadiren ilgi gösterdiği bir zamanda bir Arap erkeği kılığında Ortadoğu'da yolculuklara çıkmış ve Kudüs'e dek gitmişti. Suriye'de yanlarında kaldığı Çöl Bedevileri ona "Çöllerin Melikesi" diyordu. Hayatının son yıllarını Lübnan Dağları'nda satın aldığı eski bir manastırda geçirmişti.

### FREYA STARK (1893-1993)

20. yüzyıl ortalarında Afganistan ve Nepal'e dek gitse de, genelde Türkiye ile Ortadoğu'nun ücra köşelerine giden ilk Avrupalı kadın olarak tanınan İngiliz gezgin. Türkiye'yi de içeren pek çok seyahatname kaleme almıştır.

### YİRMİSEKİZ MEHMET ÇELEBİ (Y. 1667-1732)

Osmanlı asker ve bürokratı. Eğitimi ve başarıları sayesinde devletin üst kademelerine yükseldi, 1720-21'de Paris büyükelçisi oldu. Göreve gidişini ve oradaki anılarını, yazdığı sefaretnamede anlattı. Fransa'da bilimin gelişimini izledi, Akdeniz-Atlas Okyanusu kanalındaki seyahatini, Paris Gözlemevi'ni ve fabrikaları anlattı. Oğlu Sait Çelebi ilk Osmanlı matbaasının kurucularından oldu.

### JAMES WEDDEL (1787-1834)

Antarktika'ya denizden düzenlenen üç keşif seferine katılan İngiliz kâşif ve bilim insanı. 1880'de kazandığı "gemiyle Güney Kutbu'nun en yakınına giden kâşif" unvanını 80 yıl süreyle korumuştu. Antarktika yakınlarında keşfettiği Weddel Denizi de, Weddel foku da onun adıyla anılır.

# Mini Sözlük

■ **Amerika Yerlileri**
Avrupalı kâşiflerle kolonicilerin varmasından önce, Amerika kıtasında yaşayan halklar.

■ **Antarktika**
Güney Kutbu çevresinde yer alan ve 2 km kalınlığında bir buz tabakasıyla kaplı, beşinci büyük kıta.

■ **Arktika**
Bkz. Kuzey Kutup Bölgesi.

■ **Astronot**
Uzaya yolculuk yapan kimse.

■ **Avustralya Yerlileri**
Avrupalıların ulaşmasından önce Avustralya'da yaşayan halk. Bugün Avustralya'da onların soyundan gelen 40.000 kişi yaşıyor.

■ **Baharat**
Karanfil ya da karabiber gibi, eski zamanlarda hem yiyeceklerin bozulmasını önledikleri hem de güzel tat verdikleri için önem taşıyan, Asya ve Afrika'da yetişen doğal katkı maddeleri.

■ **Baharat Adaları**
Günümüzde Endonezya'nın bir parçası olan ve baharatlarıyla meşhur Molukler'ın eski adı

■ **Boğaz**
İki büyük denizi ya da su kütlesini bağlayan dar su geçidi.

■ **Harita Çıkartmak**
Bir yerin haritasını yapmak.

■ **Buz Yarığı**
Bazen derinliği 30 m'yi aşan ve buzulların hareketi sırasında oluşan yarıklar.

■ **Buzul**
Eğimli arazide, çok yavaş bir hareketle ilerleyen buz ırmağı.

■ **Büyük Güney Kıtası**
Kâşiflerin 18. yüzyıla dek Güney Denizlerinin ötesinde yer aldığına inandıkları efsanevi dev kıta.

■ **Denizci**
Denizlerde seyahat eden ya da çalışan kişi.

■ **Ekvator**
Yerküre'nin çapının en geniş olduğu kesiminden geçtiği varsayılan ve dünyayı Kuzey ve Güney Yarımkürelere ayıran sanal çizgi.

■ **Göç**
Büyük grupların yaşayacak yeni yerlere doğru yola çıkması.

■ **Güney Denizleri**
Büyük Okyanus'un güneyi.

■ **Hacı**
Dince kutsal sayılan yerleri ziyaret etmek üzere uzak diyarlara giden kimse.

■ **Hamal**
Keşif seferlerinde, yükleri ve aletleri taşıyan kişi.

■ **Himalayalar**
Hindistan ve Tibet boyunca 2400 km uzanan sıradağlar. Dünya'nın en yüksek noktası olan Everest de buradadır.

■ **İmparatorluk**
Farklı ülkeler ve eyaletlerden oluşan ve tek bir kişinin ya da devletin idaresi altında bulunan geniş topraklar.

■ **İnuit**
Kuzey Kutup Bölgesi'nin Kanada, Grönland ve Alaska kesimlerinde yaşayan yerli halklar. Önceden Eskimo olarak tanınırlardı.

■ **İpek Yolu**
Eski çağlardan beri Çin, Hindistan ve Avrupa'yı birbirine bağlayan ve Asya'yı bir uçtan diğerine kat eden ticaret yolu.

■ **İskorbüt**
C vitamini eksikliğinin yol açtığı tehlikeli bir hastalık.

■ **İvinti**
Bir ırmağın hızlı ve tehlikeli biçimde aktığı kesimleri.

■ **Kargo, Yük**
Bir geminin ya da uçağın taşıdığı eşyalar.

■ **Kaynak**
Bir akarsuyun doğduğu nokta.

■ **Keşif Seferi**
Belli bir hedefe yönelik olarak düzenlenen yolculuk.

■ **Koloni**
Bir ülke adına istila edilen yeni topraklarda, istilacıların kurduğu yerleşim.

■ **Kuzey Kutup Bölgesi**
Kuzey Kutbu çevresindeki donmuş buz tabakası. Kıtaların çevrelediği dev bir yüzen buz tabakasıdır.

■ **Kuzeybatı Geçidi**
Atlas Okyanusu ile Büyük Okyanus'u, Kuzey Buz Denizi'nin Kanada ve Alaska kesimi üzerinden bağlayan deniz yolu.

■ **Manyetik Kutup**
Yeryüzü'nün manyetik alanlarının en güçlü olduğu noktalar. Kuzey ve güneydeki coğrafi kutuplara yakın olmalarına rağmen, manyetik kutuplar yaklaşık 160 km'lik bir daire içinde sürekli yer değiştir.

■ **Misyoner**
Başka ülkelerin insanlarını kendi dinine kazandırmak için yabancı ülkelere giden kişi.

■ **Moğollar**
Orta Asya'nın doğusunda yaşayan ve adları tarihte Türklerle birlikte, Cengiz Han'ın 13. yüzyılda kurduğu, Çin'den İran'a uzanan imparatorlukla anılan halk.

■ **Ortadoğu**
Keşifler Çağı'nda Doğu olarak nitelenen yerlerin, Batı dünyasına en yakın kesimi olması dolayısıyla

Yakındoğu ya da Ortadoğu olarak adlandırılan bölümü. Genellikle Doğu Akdeniz kıyılarından Arap Yarımadası ve Pakistan'a dek uzandığı kabul edilir.

■ **ÖNCÜ**
Yeni bir araziyi keşfeden ve (önceden orada yaşayanlar olsa bile) orada yerleşen ilk kişilerden her biri.

■ **PUSULA**
Genellikle manyetik bir ibre yardımıyla kuzeyi gösteren, yolcuların yer ve yön tayininde kullandıkları araç.

■ **RESİF (ŞAP)**
Deniz yüzeyinin hemen altında veya az üstünde yer alan mercan kayalığı ya da kayalık.

■ **SITMA**
İnsanlara sivrisinek sokmasıyla bulaşan tehlikeli bir hastalık.

■ **TİFO**
Mikroplu suyla insana bulaşan tehlikeli bir hastalık

■ **TROPİKAL KUŞAK, TROPİKLER**
Ekvator'la, kuzey ve güneyindeki dönence denen sanal çizgiler arasında yer alan, sıcak iklimli bölge.

■ **UÇ SINIR**
Bir koloninin ya da yerleşim bölgesinin eteklerinde yer alan keşfedilmemiş bölge.

■ **VAHA**
Çölde yeraltı sularının yüzeye çıkarak bitkilerin yetişmesini sağladığı yerler.

■ **YAMYAM**
İnsan etiyle beslenen kişi.

■ **YENİ DÜNYA**
Avrupalıların 15. ve 16. yüzyıllardaki keşifler sırasında Amerika kıtasına verdiği isim.

■ **YER VE YÖN TAYİNİ**
Pusula, yıldızlar ve başka aletler yardımıyla gemilerin rotasını belirleme işi.

---

YAYINEVİMİZİN GEZİ VE KEŞİF KİTAPLARI
ARKEOLOJİ DEDEKTİFLERİ, Simon Adams
KEŞİFLER ATLASI, Sarah Harrison
OKYANUSLAR ATLASI, Nicholas Harris
HAYVANLAR ATLASI, Anita Ganeri
UZAY ATLASI, Nicholas Harris
TAŞ DEVRİ MACERALARI, Julia Bruce
OKYANUS MACERALARI, Julia Bruce
KUBİLAY HANLIĞI'NDAN BATI'YA İLK SEYAHAT
Moris Rossabi (Çev. Ekin Uşşaklı), İstanbul: 2008
PARİS'TE BİR OSMANLI SEFİRİ
Yirmisekiz Mehmet Çelebi (Haz. Şevket Rado),
AFGANİSTAN'DA BİR JÖNTÜRK – MISIR SÜRGÜNÜNDEN AFGAN REFORMUNA
Mehmet Fazlı (Haz. Kenan Karabulut)
VELOSİPET İLE BİR CEVELAN – 1900'E DOĞRU İSTANBUL'DAN BURSA'YA BİSİKLETLİ BİR GEZİ
İbnülcemal Ahmet Tevfik (Haz. Cahit Kayra),

## İNGİLİZCE İNTERNET

*Bir büyüğünüzden, daha fazla site bulmakta ve okumadan önce gözden geçirmekte size yardımcı olmasını rica edin.*

Mariners' Museum Age of Exploration sitesi:
http://www.mariner.org/educationalad/ageofex/

ABD Kongre Kütüphanesi Eğitim-Öğretim Sayfalarının keşifler ve kâşifler bölümü:
http://memory.loc.gov/learn/community/cc_exploration.php

The Museum of Unnatural Mystery, Sanal Keşif Derneği'nin sayfalarında pek çok öykü yer alır:
http://unmuseum.mus.pa.us/ves.htm

Keşifler ve kâşifler hakkında gayet kolay okunabilen makaleler:
http://www.kidsolr.com/history/page2.html

Discoverer's Web'deki makaleler için:
http://www.win.tue.nl/%7Eengels/discovery/

# Dizin

## A

Afrika'yı keşfe çıkanlar 14, 15
    Burkhardt 19
    Burton ve Speke 20, 21
    Caillié 18-19
    Kingsley 15, 26-27
    Livingstone ve Stanley 15, 22-25
    Park 15, 16-17
Almago, Riviero de 87
Amazon Irmağı 88, 89
Amerika
    Cabot'nun ulaşması 122
    Kolomb'un ulaşması 64, 65, 68-71
    Polinezyalıların ulaşması 8
    -ya giden ilk Avrupalılar 66-67
    ayrıca bkz.; Güney Amerika, Kuzey Amerika, Orta Amerika
Amundsen, Roald 94, 95, 99, 102-105
Antarktika'yı keşfe çıkanlar 94-95
    Cook'un çevresini denizden dolaşması 51, 53
    Crean 122
    Fiennes 122, 123
    Güney Kutbu'na yarış 102-105
    Mawson 95, 107-108
    Shackleton 95, 108-109, 122
    Weddel 123
Appalachian Dağları 76, 77
Armstrong, Neil 120
Asya'yı keşfe çıkanlar 30-31
    Cınğ Hı (Zheng He) 31, 40-41
    da Gama 7, 30, 31, 42-43
    Gertrude Bell 47
    İbn Battuta 30, 36-39
    Isabella Bird 46-47
    İpek Yolu 10, 11, 30
    Marko Polo 30, 31, 32-35
    Prjevalski (Przhevalsky) 31, 44-45
    Sven Hedin 45
    Şuan Zanğ (Xuan Zang) 10
    Thomas Atkinson 122
    Xuan Zang, bkz. Şuan Zang
    Przhevalsky, bkz. Prjevalski
    Zheng He, bkz. Cınğ Hı
Atkinson, Thomas 122
Avustralya 50-51
    Cook'un Avustalya'yı keşfi 52, 53
    doğudan batıya aşılması 122
    Flinders'ın çevresini denizden dolanması 55
    kıyılarının haritalanması 52, 54
    kuzeyden güneye aşılması 58, 61
    Leichhardt'ın iç kısımları keşfi 56-57
    Oxley 123
    William Hovell 123
    Yerli halklar 9
Ay 120
Aztekler 84, 85

## B

Baffin, William 122
Bahamalar'a Kolomb'un ayak basması 65, 69
Banks, Sir Joseph 17, 53
Bass, George 54, 55
Bell, Gertrude 47
Bering, Vitus 96-97, 99
Bird, Isabella 46, 47
Bonpland, Aimé 90, 91
Boone, Daniel 65, 76-77
Boro, Sadun 122
Bowers, Henry 104, 105
Brazza, Pierre Savorgnan de 24
Brendan, "Cesur" Aziz 66
Brezilya'nın keşfi 43
Burckhardt, Johann L. 19
Burke, Robert O'Hara 58-61
Burton, Richard F. 15, 20-21

## C

Cabot, John 122
Cabral, Pedro Alvarez 43
Caillié, Réné-Auguste 15, 18-19
Cartier, Jacques 65, 72-73
Champlain, Samuel de 65, 74-75
Charbonneau, Touissant 78
Chimborazo Dağı 91
Cınğ Hı 31, 40-41
Columbia Irmağı, 80
Cook, James 51, 52-53
Cortés, Hernán 82, 83, 84-85
Cumberland Geçidi 76, 77

## Ç

Çin Seddi 35
Çin ve İbn Battuta 38

## D

Dampier, William 122
Darwin Charles 122
David, T.W.E. 106, 108
Drake, Sir Francis 112, 113, 122

## E

Earle, Sylvia 119
Elephant Adası 108
Erebus Dağı 107
Eric, "Kızıl" 65, 66
Eski Mısırlılar 10, 11
Eski Yunanlılar 10, 11
Evans, "Taff" 104
Evliya Çelebi 122

## F

Ferdinand ve Isabella 68, 70
Fiennes, Sir Ranulph 122, 123
Flinders, Matthew 51, 54-55
Franklin, Sir John 98-99, 123

## G

Gagarin, Yuri 120
Gama, Vasco da 7, 30, 31, 42-43
Goa 43
Gobi Çölü 33
Gray, Charlie 60
Güney Amerika'yı keşfe çıkanlar 82-83
    Cortés 84-85
    de Orellana 88, 89
    Humboldt 90-91
    Pizzaro 82, 83, 86-87
Güney Kutbu'na yarış 102-105

## H

haritalar 16
Hedin, Sven 45
Henson, Matthew 94, 100-101
Hindistan ve Portekiz'le ticareti 42
Houghton, Daniel 17
Hudson, Henry 123
Humboldt, Alexander von 90-91
Hüron halkı 74

## I

Irak ve Gertrude Bell 47

## İ

İbn Battuta 30, 36-39
ilk insanlar 8, 9

İnkalar ve Pizzaro 86, 87
İpek Yolu 10, 11, 30
iskorbüt 58, 73
İstanbul 46, 123

# K

Kamerun Dağı 26, 27
King, John 60
Kingsley, Marie 15, 26-27
Kongo Irmağı 24, 25
Kristof Kolomb 64, 65, 68-71
Kubilay Han 32, 34, 35
Kuzey Amerika'yı keşfe
    çıkanlar 64-65
    Boone 65, 76-77
    de Champlain 65, 74-75
    Lewis ve Clark 78-81
    Mackenzie 73
    Thompson 123
Kuzey Kutbu 100-101
Kuzey Kutup Bölgesi, 94-95
    Baffin 122
    Bering'in keşif seferleri
      96, 97, 99
    Franklin 98-99, 123
    Hudson 123
    Kuzey Kutbu'nda ilk
      insanlar 100-101
    Kuzeybatı Geçidi 53, 79,
      98, 99, 103, 122, 123
    Kuzeydoğu Geçidi 97
    Rae 123
    Ross 123
Kuzeybatı Geçidi 53, 79, 98,
    99, 103, 122, 123
Kuzeydoğu Geçidi 97

# L

Leicchardt, Ludwig 56-57
Leif Ericsson 65, 66-67
Lewis ve Clark 65, 78-81
Lhasa 44, 45
Livingstone, David 22-25
Lop Nur 44, 45

# M

Macchu Picchu 86
Macellan, Ferdinand 82, 112,
    113, 114-115
Mackenzie Alexander 73
Mackenzie Irmağı 99
Mars'taki robotlar 121
Mawson, Douglas 95, 106-
    107
Mayalar 83
Mc Arthur, Dame, Ellen 113
Mekke 36, 40
Merian, Maria Sbylla 26
Mertz, Xavier 106, 107
misyonerler 7
Moctezuma 84
Muhammed İbn Tuğluk 38

# N

Nansen Fridtjof 103
Nijer Irmağı 16-17, 39
Nil'in kaynağı 20
Ninnis, Belgrave 106, 107

# O

Oates, Lawrence "Titus" 104,
    105
okyanuslardaki keşifler 118-
    119
Orellana, Francisco de 82, 88-
    89
Orta Amerika 82-83
Ortadoğu
    Freya Stark 123
    Lady Stanhope 123
    Rabban Savma 123

# P

Park, Mungo 15, 16-17
Paskalya Adaları 52, 53
Peary, Robert E. 94, 100-101
Piccard, Jacques 112, 118
Piri Reis 123
Pizzaro, Francisco 82, 86-87,
    88, 89
Polo, Marko 30, 31, 32-35
Prjevalski, Nikolay
    (Przhevalsky, Nikolai) 31,
    44-45

# Q

Quebec 74, 75

# R

Ra II gemisi 11
Rabban Savma 123
Rae, John 123
Raleigh, Sir Walter 123
Ripon Çavlanı 20, 21
Ross, John 123

# S

Sakagavea (Sacagawea) 78
Scott, Robert Falcon 95, 102-
    105, 122
Selkirk, Alexander 123
Seydi Ali Reis 123
Shackleton, Ernest 95, 107,
    108-109, 122
sıtma 16
Sinbad (Gemici) 39
Smith, Jedediah 77
Speke, John Hanning 15, 20-
    21
St. Lawrence Irmağı 72
Stanhope, Hester Lucy 123
Stanley, Henry M. 15, 21, 22,
    24, 25
Stark, Freya 123
Stuart, John MacDouall 59, 61
sualtı araçları 118-119
Şuan Zanğ 10

# T

Tahran'a Isabella Bird'in gidişi 46,
    47
Tanganyika Gölü 20, 21
Tasmanya'nın çevresinin
    denizden dolaşılması 54
Tenochtitlán 84
Thompson, David 123
Tibet 30, 44, 45
Timbuktu'nun keşfi 18
uzaydaki keşifler 120-121

# V

Vahşi Batı Yolu 76
Vikingler 10, 66-67
Victoria Çağlayanı 22, 23
Victoria Gölü 20, 21, 24

# W

Weddel, James 123
Wills, William John 58, 61
Wilson, Edward 104, 105

# X

Xuan Zang, bkz. Şuan Zanğ

# Y

Yeni Zelanda 52, 53
yer ve yön tayini 10, 41, 67
Yerküre
    kolonileştirilmesi 8, 9
    etrafının denizden
      dolanılması 40, 112-115, 122
Yirmisekiz Mehmet Çelebi 123
York (Köle) 81

# Z

Zambezi Irmağı 22
Zheng He, bkz. Cınğ Hı

# Teşekkürler

**AKG Images:** 9t, 24, 34, 84a, 87a, 98/99; Vilstein Bild 102; **Alamy:** Winston Fraser 99; Jon Arnold Images Ltd 54/55; Ron Niebrugge 81a; North Wind Pictures 97t; Panorama Media (Beijing) Ltd 44/45; Photodisc 28/29; Robert Harding Picture Library Ltd 80; Eitan Simanor 38; **Ancient Art and Architecture Collection:** 40/41; Prisma 88; **Ardea:** Duncan Usher 44; **Art Archive:** 21t, 58; British Library 66a, 68; Gianni Dagli 83t; Musee des Arts Africains et Oceaniens/Gianni Dagli Orti 18t; Naval Museum, Madrid/Alfredo Dagli Orti 69t; Mireille Vautier 87t; **Bridgeman Art Library:** 77; Mitchell Library, State Library of New South Wales 55t; The British Museum 10; Corbis: 67a; Bettmann 11, 119; Leonard De Selva 23t; Julio Donoso 70; Phillipe Giraud/Goodlook 26/27; Jon Hicks 43; Stephen Hira/Reuters 6; Dave G. Houser 61; Hulton-Deutsch Collection 21tl; Joshua Jebb 74; Layne Kennedy 100/101; Jaques Langeuin 96; Michael Nicholson 17; Kazayoshi Nomachi 36, 39t; Alfred Russell 4a, 78/79; Skyscan 90/91; Paul A Souders 4t, 58/59; Penny Tweedle 60; Underwood & Underwood 108/109; Ralph White 118; **Gertrude Bell Photographic Archive:** University of Newcastle Upon Tyne 47a; **Getty Images:** Chris Anderson/Aurora 66ü; Wallace Kirkland 65ü; Samanatha Sin/AFP 115; Time & Life Pictures 16/17ü; Kobal: RKO 39a; Tri-Star 20; **Mary Evans Picture Library:** 7ü, 35a, 37a, 57a, 57ü, 103, 104ü, 105, 113ü, 114/115; Doutaz Beranger 7a; Interfoto Agentur 37ü; **Matthew Flinders Electronic Archive:** 55a; **NASA:** 116/117, 120, 121a, 121ü; **NHPA:** Nick Garbutt 25; **NOAA:** 118/119; **Photodisc:** 52; **Photolibrary:** 67ü; Daniel Cox 81ü; **Photos.com:** 84ü; **Shutterstock:** Joel Blit 86; Norman Chan 40/41; Constain-Ciprian Hirlestaenu 92/93; Susan Flashman 15ü; Scott A Franges 79a; Lena Grottling 110/111; Danile Gustavsson 51sl; Efemova Irine 45; Mates Krajcovic 76/77; Mary Lane 75ü; Ales Liska 83a; Johnny Lye 63/64; Mikhail Matsonashvil 69a; Max FX 79ü; David McKee 19; Colin & Linda McKie 53; Jakob Metzger 5ü, 12/13; Andre Nantel 15a; Daniel Pash 89; Dmitry Pichugin 21a; Styve Reineck 56/57; Ronald Sumners 48/49; Mike Von Bergern 88/89; Ke Wang 35ü; Peter Zaharou 46; **Still Pictures:** 33, 51sğ 106/107; (Freelens Poll) Tack 72sğ; H. Brehm 22; Dani-Jeske 31sğ; Michael Sewell 95; **Superstock:** age/fotostock 18a; **Topham:** 27a, 27ü, 31sl, 47ü, 52/53, 65a, 76, 79c, 91, 97a, 100, 103ü, 106, 107, 108, 109, 113a, 114; Alinari 10/11, 16/17a; HIP 71sğ, 104a; HIP/British Library 42a, 42ü; Photri 101; Print Collector/HIP 73, 90; Roger-Viollet 98; The Image Works 71sl, 72sl, 75a; World History Archive 23a, 32, 59, 61ü; **Werner Forman:** 9a, 85a; N.J. Saunders 5a, 85ü; **Wikimedia:** 41.

**COĞRAFYA DANIŞMANI:** Clive Carpenter
**ÇOCUK KİTAPLARI YAYINCISI:** Anne O'Daly
**YÖNETİCİ EDİTÖR:** Tim Cooke
**EDİTÖR:** Claire Hawcock
**TASARIMCI:** Starry Dogs
**TASARIM YÖNETMENİ:** Sarah Williams
**SANAT YÖNETMENİ:** Jeni Child
**HARİTA UZMANI:** Alan Gilliland
**RESİM ARAŞTIRMACISI:** Laila Torsun